para

Iara e Ariel

Sumário

CAPÍTULO 1

A crítica literária como questão

O ponto de interrogação é um sinal ambíguo, pois aquilo que marca dá origem a dois fenômenos bastante distintos. Concebida como uma **pergunta**, *O que é a crítica literária?* exige uma **resposta** por meio de uma **definição**, algo como "a crítica literária é a apreciação fundamentada dos méritos e das falhas, das qualidades e defeitos de uma obra de literatura". A definição é boa para se decorar; ela ajuda você a fazer uma prova, ou a mostrar a alguém que sabe do que está falando. Isso, porém, não o levará muito longe, porque uma definição não contém espaços vazios: com ela, não há muito o que fazer. Se, por outro lado, o ponto de interrogação for entendido como fazendo surgir uma **questão**, tudo se modifica. Diferentemente da pergunta, a questão não precisa ser unívoca e não precisa ser concisa – para dizer a verdade, não precisa nem mesmo ter um fim. O conceito de crítica literária, neste caso, passará a abranger vários vetores distintos, linhas de desenvolvimento que se complementam e reforçam, mas que também entram em tensão e até mesmo se contradizem. Mais importante ainda, justamente por ser construída, por não ser dada de antemão, a questão traz para dentro de si aquele que a formula; ela requer assim uma articulação própria, quase como uma assinatura, e consequentemente uma participação e responsabilidade no exercício do saber por parte daquele que o constrói. Daí o plano deste pequeno livro: abordar a prática da crítica literária em diversos de seus aspectos, chamando a atenção para os desacordos, as contradições e as zonas de conflito existentes dentro de si mesma. O objetivo é chegar ao final com uma caracterização, ela mesma crítica, da crítica nos dias de hoje, algo que mostre como essa atividade tornou-se algo extremamente vital, um campo repleto de possibilidades, e, ao mesmo tempo, uma atividade imersa em profunda crise. Com isso, há muito que fazer.

O primeiro passo para abordar esse estado de coisas é apresentar, ainda que brevemente, alguns conceitos com os quais a crítica se relaciona e outros constituintes dela. Antes de mais nada, é preciso ressaltar que a crítica está indissoluvelmente ligada ao **humano**. Não faz sentido criticar o clima, se há sol ou chove, mas não existe nada de errado em realizar uma crítica à previsão do tempo, que, por exemplo, nos roube uma experiência imediata da natureza e, como na bolsa de valores, ao estabelecer causas de curto prazo para eventos específicos (*esta* tempestade, *esta* seca), dificulta uma visão de padrões mais gerais, que apontariam para a interferência de fatores sociais no tempo.

É muito fácil confundir a crítica com a **interpretação** pura e simples e, de fato, a história de uma está intimamente ligada à da outra. A diferença maior reside no fato de que a crítica tende a implicar algum espaço concreto de veiculação e a consequente existência de um público leitor, de uma **esfera pública** na qual se inserirá: aquilo que seria uma interpretação em uma prova de literatura pode tornar-se crítica se publicada no jornal da escola, quando então será objeto de discussão por parte de alunos, pais e professores. É fundamental para a noção de crítica que ela mesma possa ser criticada.

Essa abertura para o debate já deixa entrever que a crítica literária não existe sem uma **função social**, por mais indireta que ela possa ser. Soará sem dúvida estranho que uma escrita focada em objetos aparentemente tão distantes do cotidiano de tantas pessoas – como são romances, poemas e textos teatrais – tenha alguma espécie de influência para além de seu âmbito restrito. Porém não foi sempre assim. Como veremos adiante, a crítica literária teve um papel importante no processo de instituição, no século XVIII, da cultura como a conhecemos hoje. No Brasil do século XIX e da primeira metade do século XX, ela foi fundamental para o projeto de construção da identidade nacional. Por meio da crítica, manifestações literárias tão díspares quanto o indianismo e a Semana de Arte Moderna passaram a contribuir para a representação daquilo que seria, para o bem ou para o mal, a essência da nação. Esse papel foi hoje minado por um capitalismo transnacional avesso a particularismos nacionalistas e pelo advento, consolidação e supremacia da **indústria cultural**, diretamente ligada a ele. É certamente possível sugerir que o papel de construção da imagem nacional migrou, desde a segunda metade do século XX, para o futebol, a música popular, o jornal televisivo e a telenovela. Entretanto, mesmo em uma situação de reduzida relevância – talvez até mesmo por causa disso –, a crítica pode apontar para verdades sociais mais amplas. O aparente distanciamento da obra literária do que seja reprodução imediata do cotidiano, do mundo regido pelo autointeresse e pelo antagonismo de todos contra todos, pode ser um pressuposto para penetrá-los. Seja como for, o importante aqui é notar que as funções da crítica serão tão diversas quanto forem os ambientes sociais nos quais ela se mostrar efetiva, o que por sua vez nos faz direcionar nossa atenção para os locais específicos nos quais ela ocorre.

De maneira geral, é possível dizer que a crítica existe hoje sob duas formas principais, de comunicação não tão fluida entre si. A **crítica acadêmica** é realizada na universidade; ela quer-se rigorosa e não está primordialmente preocupada com problemas de tempo e espaço. Ela também não visa primeiramente a um público mais amplo, pois tem como horizonte uma comunidade de pares. A **crítica de jornal** não pode se dar ao luxo de ser difícil ou longa demais (com o tempo, de fato, está cada vez mais enxuta); ela ambiciona, acima de tudo, ser compreensível, para poder atingir o maior número possível de leitores, vistos como consumidores. Quando postas lado a lado, a crítica acadêmica e a crítica de jornal deixam entrever suas fraquezas: por não ter um compromisso direto com o receptor, a crítica acadêmica é muitas vezes abstrusa e desnecessariamente difícil; a desproporção entre a produção e o uso – centenas e centenas de livros e milhares de artigos científicos não têm mais do que meia dúzia de leitores cada – não é apenas um desperdício, como também se choca com a ideia de universalidade que subjaz à ideia de cultura. Já a crítica de jornal parece estar cada vez mais incluída em uma lógica de mercado. Isso se manifesta em uma tendência para beneficiar a superficialidade, reduzir o espaço de reflexão e ignorar aquele desinteresse sem o qual crítica alguma pode ser exercida: no limite, o jornal pode fazer o comentário de um livro como se estivesse planejando sua campanha publicitária.

E, no entanto, as duas esferas necessitam uma da outra. Sem conexão com o jornal, a universidade definha, pois ele é em grande medida o único ambiente social organizado e de prestígio, para além da escola, a tratar de literatura. Para o bem ou para o mal, junto talvez com as novas revistas de banca, muito mais segmentadas, o jornal é o órgão mais importante na esfera pública brasileira. E para muitas pessoas ele é o veículo privilegiado de contato com a literatura. Em um país no qual a carência de livros é endêmica, o suplemento literário pode atuar como um pobre substituto da biblioteca para um adolescente que, no futuro, poderia inclinar-se a fazer um curso de letras. Por outro lado, sem a universidade, o jornal converte-se em butique, e a produção literária anual vira um desfile de moda. A presença de acadêmicos ajuda a contrabalançar a deficiência de formação estrutural do jornalista, por definição, um especialista em generalidades[1].

Mas não haveria outros espaços de circulação da crítica literária? A internet não seria o veículo capaz de combinar disponibilidade de espaço para reflexão com acessibilidade por parte de um grande público? Pode ser prematuro julgar um meio tão revolucionário baseando-se em somente algumas décadas de existência. Além disso,

---

1 Para o leitor que quiser fazer uma comparação precisa, basta apenas contrastar, por exemplo, uma revista como a *Alea*, da UFRJ, com o caderno *Ilustrada* de sábado da *Folha de S.Paulo*, ou mesmo o suplemento dominical, a *Ilustríssima*. Todos encontram-se disponíveis *online*.

é preciso reconhecer que a internet é um veículo que vem passando por profundas mudanças e tem sido palco de lutas ferrenhas em torno do que seria a propriedade privada no âmbito informatizado da linguagem. Muito da sua natureza será determinado pelo resultado final dessas disputas. Seja como for, pode-se afirmar com segurança que a internet não se mostrou à altura das esperanças iniciais, no começo da década de 1990, de uma democratização radical. Se é verdade que o acesso à informação é muito mais livre agora do que antes, o domínio absoluto do próprio conceito de informação merece ser questionado. Se existem *blogs* no quais se encontra crítica literária de boa qualidade, é difícil encontrar um *metablog*, por assim dizer, capaz de pinçar, dentre os milhares existentes, aqueles poucos que realmente valem a pena. O fenômeno da abundância e dispersão extrema de conteúdos não é tão melhor assim do que sua escassez, ainda que seja muito mais complexo. E mesmo na internet, os *sites* nos quais se pode ter confiança de que a crítica literária ainda tenderá a ser de boa qualidade com muita facilidade espelham a divisão entre academia e jornal, pois eles ou estão ligados a meios de comunicação, e são pagos, ou são versões *online* de revistas literárias e acadêmicas.

A relação necessária entre crítica e esfera pública envolve ainda outros elementos, dentre os quais se destacam o uso da **razão** e a inescapabilidade do **valor**. O discernimento crítico depende de um emprego adequado, ou seja, desinteressado e descompromissado, da capacidade de análise e reflexão. Isso significa que, ao criticar determinada obra, deve-se tentar levar em consideração apenas ela mesma e não seu autor (de quem você pode discordar, ou mesmo odiar), público, ou potencial comercial. A crítica possui, assim, uma falta de engajamento direto com aquilo que seja exterior ao seu objeto, o que não quer dizer que ela seja neutra. Pelo contrário, o julgamento lhe é inerente e é isso que a afasta da ciência e de sua ambição de neutralidade. A descrição do texto é apenas um momento da prática crítica, e a distinção entre bom e ruim, acertado e equivocado, é inevitável. Recusar-se a emitir um valor *já equivale* a defender um valor, a saber, o da ausência de valores. Em qualquer escrita argumentativa, a figura do antagonista é um pressuposto narrativo incontornável; aqueles que se recusam a julgar muitas vezes colocam o próprio antagonismo na posição de antagonista. Ao abrir mão do juízo pessoal, sempre passível de erro, acabam rendendo-se aos valores que já existem, os mais difíceis de ver, porque parecem naturais e transparentes. Isso fica mais claramente em jogo quando se está lidando com a literatura contemporânea, que não traz atrás de si uma longa tradição de leituras sedimentadas e exige um posicionamento mais contundente e urgente do crítico; no entanto, mesmo em relação aos chamados "clássicos", não há escrita crítica sem a articulação de valores.

Por exemplo: será difícil para algum crítico negar pura e simplesmente a genialidade de Shakespeare. Sua grandiosidade está atestada em milhares de interpretações de suas peças e de sua lírica, que se estendem por séculos e fazem parte da herança histórica e cultural do ocidente. Contudo, é possível levantar a questão crítica de se a apropriação de Shakespeare pela indústria cultural – sua transformação em mercadoria, em patrimônio cultural (uma expressão de muito mau gosto) – não interferiria na possibilidade de recepção de sua obra. Seria possível perguntar se a transposição do enredo de *Romeu e Julieta* para uma miríade de meios diferentes, dos quadrinhos aos desenhos animados, não geraria uma poluição narrativa ou um simulacro que impediria a apreciação estética da obra (como os caminhões de gás ou mecanismos de espera de telefone que tocam *Pour Elise*, de Beethoven, e que tornam a audição do original tão problemática). Decorre disso um interessante dinamismo da crítica em relação às obras. Quando se lida com grandes autores, muito frequentemente os julgamentos incidem sobre a relação da fortuna crítica com obras específicas, aquele detalhe que ninguém viu, a associação que passou a todos despercebida, um sentido que escapou etc. No entanto, é importante perceber que mesmo o lugar dos maiores gênios da literatura não está assegurado. No decorrer da história, houve variações imensas de juízos (no século XVIII francês, Shakespeare era considerado um escritor bárbaro, e não sem alguma razão), e quando a crítica não consegue mais apontar para algo de verdadeiramente novo e interessante em determinado autor, não importa o quão famoso seja, ele morre como objeto literário digno de nota. Em outras palavras, uma obra não *é* simplesmente grande. É preciso que a crítica mostre que ela ainda é capaz de falar ao nosso presente e que pode gerar surpresas.

Aqui é possível discernir outra oposição importante, a **de crítica normativa** e **crítica imanente**. A primeira compara a obra a alguma norma, algum parâmetro exterior, seja ele de ordem mais ampla – a crença de que a literatura tem de ter comprometimento social, ser moralmente positiva, de que deva educar as pessoas ou fazê-las melhores etc. – ou de cunho mais propriamente estético – como o pressuposto de que as obras devam ser belas, simétricas ou harmônicas; de que os personagens com profundidade psicológica são por definição superiores àqueles chamados de planos, que possuem apenas um traço de caráter; ou de que os enredos devem ser coerentes do ponto de vista da organização do tempo e do espaço, e assim por diante... A crítica imanente, por outro lado, procura julgar o texto *conforme o princípio que ele parece estabelecer para si mesmo*. Isso significa que o crítico precisa perceber não apenas o que o romance, ou poema, está querendo dizer, mas o que ele quer ser, e se consegue levar a cabo tal pretensão de maneira convincente.

O conto pretende retratar a monotonia do cotidiano e a repetição inerente ao trabalho alienado?

Quais são então os recursos formais de que se utiliza para isso?

O romance tem por intuito apresentar um narrador irônico, situado acima da narrativa e que não deixa saber exatamente qual a sua posição em relação a ela?

Como então é construído o foco narrativo; como se relaciona o narrador diante dos personagens e seus pensamentos?

E haveria ainda muitos outros exemplos... Os críticos, hoje, são quase todos unânimes em preferir a crítica imanente à normativa. Com a crescente liberdade obtida pela literatura, que pode dizer absolutamente tudo, representar o que bem entender, do imoral ao pornográfico, do extremamente violento e do sacrílego ao mais escatológico e abjeto, tornou-se necessário que cada obra seja considerada a partir de si mesma, das regras e leis que ela mesma se impõe e às quais se submete.

Voltaremos ao problema da liberdade de representação na literatura mais adiante. Enquanto isso, vale notar que a exclusão da crítica normativa não é tão fácil como pode parecer.

Em primeiro lugar, é difícil estar completamente aberto para aquilo que a obra quer dizer, porque o confronto com ela nunca se dá a partir do nada. Mesmo antes de entrarmos em contato com um texto, já trazemos conosco ideias a respeito do que é (ou deveria ser) o literário e do que é uma grande obra (se você pensar bem, até o conceito de "grande obra" pode ser objeto de reflexão e questionamento). O crítico precisa assim esforçar-se para fingir para si mesmo que não carrega pressupostos *a priori* na sua leitura do texto. Isso, no entanto, requer uma estranha disciplina, a de se forçar a ser espontâneo ou lembrar de se esquecer, e na história da literatura existem inúmeros casos de escritores realmente inovadores menosprezados pelos críticos seus contemporâneos por não se adequarem às expectativas vigentes.

Em segundo lugar, o abandono total de qualquer espécie de normatividade facilita a perda do aspecto valorativo da crítica. Por exemplo, se uma obra se coloca como absolutamente modesta, sem ambição alguma ou vontade de ser diferente das outras, então o julgamento que a acompanhe estritamente de dentro emitirá um juízo positivo, compactuando assim com sua mediocridade. Percebe-se, portanto, que o crítico não pode abrir mão de um conceito forte de literatura. Muitas vezes, a avaliação rigorosa e exigente de determinada obra, que nela encontra falhas e insuficiências, é motivada por uma ideia enfática de literatura e por amor a ela, ao passo que o crítico benévolo, disposto a ver o lado bom de todos os textos, amiúde trabalha com uma noção barateada do literário. Se não ficar atenta, a crítica corre o risco de se converter em algo parecido a uma propaganda das obras, deixando dessa forma de ser ela mesma crítica. Para dizer com outras palavras: a crítica imanente pode recair com mais facilidade na lógica de mercado da indústria cultural. Quando isso acontece, tem-se a clara impressão de que as palavras do crítico são as de um atravessador, que louva o objeto porque quer que você o compre. Se isso é bem mais reconhecível no jornal, não deixa de estar presente também na prática acadêmica, principalmente quando modelos críticos forjados no exterior, sobretudo nos Estados Unidos e na Europa, são importados e aplicados, sem mediação, a assuntos brasileiros. Já é possível perceber aqui o estado problemático da crítica hoje: se é uma verdade inescapável que cada obra tem de ser considerada segundo os parâmetros que ela mesma se propõe, isso não significa que tudo vale; pelo contrário, justamente porque não há restrições, fica muito mais difícil para cada obra mostrar a que veio e provar que merece existir.

Não existe "crítica construtiva". Essa expressão geralmente designa algo como uma boa vontade do crítico, uma disposição positiva diante do objeto que critica. Porém a bondade não é produtiva; o elogio tende a exaurir-se em si mesmo, enquanto a falha, o silêncio ou mesmo o engano podem levar a algum lugar. (Por isso é tão difícil criticar aquilo que causa deslumbre.)

Uma vez que a crítica é inevitavelmente valorativa e já que ela tem a ambição de ser rigorosa e universal – por mais que se ampare na visão de um sujeito singular –, tanto mais será fiel a si mesma quanto mais se entregar ao texto que analisa, sem pensar em seu autor ou no mundo que o cerca. Isso significa que, ao criticar determinado artefato, ao apontar insuficiências, limitações ou equívocos, ela imediatamente projeta uma dimensão paralela, na qual tais defeitos não existiriam. A crítica mobiliza, assim, um **dever-ser** que pode englobar desde uma minúcia textual até uma concepção totalmente diferente de mundo. Isso não deixa de ser uma homenagem ao objeto criticado.

Ainda que a erudição e o conhecimento técnico sejam fundamentais para a crítica, sem **uma imaginação formuladora de hipóteses**, advinda de uma **experiência estética** da obra em questão, ela simplesmente não acontece. Isso é importante Assim como a interpretação em seu sentido enfático, a boa crítica não é meramente descritiva. Ela não se confunde com a paráfrase do enredo ou com a listagem dos atributos da obra – se você pensar bem, as características, o número de predicados associáveis a um texto razoavelmente interessante é praticamente ilimitado. Você pode destrinchar o enredo, analisar os personagens, organizar a linha temporal, mapear o espaço, decalcar os símbolos, investigar etimologias de palavras-chave, separar as partes da obra e encontrar suas oposições internas fundamentais, observar seus traços recorrentes, identificar peculiaridades de estilo, compará-la com outras obras do mesmo autor, do mesmo período, ou de outro, julgar as adaptações existentes para o cinema ou para a televisão... etc. etc. Ao invés de simplesmente enumerar itens ou explicar elementos poéticos ou narrativos, a crítica os submete a um ideia reguladora articulada pelo crítico. Aqui entra em cena sua imaginação: ao formular hipóteses, baseando-se estritamente naquilo que o texto fornece, o crítico aponta para algo inusitado, até então despercebido. Uma crítica realmente forte cola no objeto;

ela reconfigura a obra de tal maneira que o seu significado passa a ser aquilo que foi enunciado e torna-se difícil imaginar qual era o seu sentido anterior à crítica.

Por outro lado, leitor algum permanece o mesmo depois de se deparar com um texto inovador. Com isso é possível perceber como a relação entre obra e crítica é complexa, envolvendo tanto amor quanto rivalidade. Por detrás de toda crítica ambiciosa (e essa palavra não é negativa), subjaz a vontade de dizer a última palavra, de pronunciar aquele julgamento final sobre o texto, que seria então incorporado ao próprio material ficcional e narrativo e que se confundiria com seu sentido mais íntimo. Vale a pena repetir a ideia mais uma vez: a crítica à grande obra realmente bem-sucedida, muitas vezes originada de uma vontade de desvendar o que há de fascinante nela, adere tão perfeitamente a seu objeto que pode, por fim, calá-lo; se alguma outra interpretação contundente não for realizada, o texto estará morto. O valor literário não é garantido, não pertence a uma característica dada de antemão e para sempre; pelo contrário, qualquer obra, mesmo aquela chamada de "clássico" – um termo espúrio – precisa do discurso crítico para continuadamente mostrar por que tem algo a nos dizer.

Isso nos faz pensar a relação entre a crítica literária e seu objeto. A visão mais corriqueira identifica nela apenas um papel subordinado, como se fosse subserviente à literatura – algo que a expressão "bibliografia secundária" deixa patente. No entanto, é interessante observar que, historicamente, a **crítica foi um agente na transformação do conceito de literatura**, uma função que mantém até hoje. Ao diferenciar o que é bom do que não é, ela acaba agindo sobre o horizonte daquilo que se entende por "literário". As alterações no rol das grandes obras são prova disso. Cada século (hoje em dia: cada par de décadas) organiza as coordenadas daquilo que tem valor e do que não tem, e a crítica é o agente privilegiado nesse processo. Com efeito, a relação entre crítica e literatura é, por vezes, bem complexa, e não é raro a literatura incorporar a crítica como elemento a ser trabalhado, como material da própria ficção. *Em busca do tempo perdido*, de Marcel Proust, por exemplo, apresenta, paralelamente ao desdobrar da história, inúmeras considerações de ordem estética, sem as quais não faria sentido. Inversamente, há críticos que desejam dotar seus escritos de algo de literário. Em *Fragmentos de um discurso amoroso*, de Roland Barthes (2003), a elaboração conceitual é tão livre que, sem ser uma ficção exatamente, não mais se apresenta estritamente como um comentário literário. Ou, para não ir tão longe, no caso de alguns críticos, a escrita é tão elegante, a argumentação tão pungente e brilhante que valem a pena ser lidas como um objeto em si. Por fim, vale mencionar que, em uma época marcada (como veremos no final do livro) pela desestabilização de padrões de valor, a crítica adquire um poder particularmente pronunciado, a ponto de influenciar as obras *antes* mesmo de elas serem escritas: com a crescente tecnologização da crítica e o prestígio cada vez maior de determinadas escolas interpretativas, nos deparamos frequentemente com textos que parecem ter sido compostos para ser lidos exatamente de acordo com alguma abordagem crítica atualmente na moda.

O instrumento da crítica é a **leitura cerrada**, um tipo de atenção extrema ao texto, que procura alcançar o maior grau possível de proximidade e familiaridade com ele. A leitura cerrada caracteriza-se por sua lentidão e sensibilidade ao detalhe, que pode reorganizar o todo da obra. Em vez de se preocupar somente com o "o quê?", ela leva em consideração o "como". Seu pressuposto de base, como veremos, resultado de um processo histórico, é o de que não há nada de dado ou garantido na literatura, que todo e qualquer elemento textual pode significar e ser decisivo, desde o componente mais ínfimo, como uma vírgula em um poema, até aquilo que poderia parecer um dado desgastado ou estereotipado, mas que na realidade está sendo utilizado com intuito irônico para conotar justamente o desgaste e a estereotipia. Sem dúvida, assim como para a crítica imanente, é necessário que o objeto acolha a leitura cerrada. Quando ele é composto somente de fórmulas aprovadas pelo público, de grandes pré-moldados discursivos de eficácia garantida, a ideia de detalhe torna-se absurda. Insistir em identificar uma tensão entre o todo e as partes em algo no qual estas não têm vez representa um gesto de autoengano, na melhor das hipóteses, e de má-fé, na pior.

É a capacidade de realizar leituras cerradas, de aliar imaginação e rigor, que caracteriza o profissional da área de letras hoje. De fato, a ideia de crítica é influenciada pela disciplina que a ampara. Mais adiante, observaremos algumas possibilidades de diálogo entre os estudos literários e outras disciplinas. Por ora, vale focar no contrário, e mencionar as nuances trazidas ao conceito de crítica por campos específicos de investigação, que norteiam o processo interpretativo. Se na literatura a ênfase recai sobre a *integridade* de um artefato, a **crítica filosófica**, que também se baseia em textos, procura trazer sua discussão para a realidade e para a tradição da filosofia. O mesmo se aplica à sociologia, dependente de *fatos*; à história, subordinada a *documentos*; à psicanálise, fundada sobre as *manifestações do inconsciente*. A crítica literária é forçosamente limitada; ela tem como princípio de base restringir-se a obras – que em sua grande maioria querem-se ficcionais – e evitar comentários amplos desnecessários à sua compreensão. No entanto, isso não é obrigatoriamente uma fraqueza, porque não significa que a crítica literária não tenha o que dizer sobre a história ou a sociedade. Por mais estranho que possa parecer, muitas vezes é mais fácil alcançar obliquamente uma visão profunda do mundo a partir daquilo que ela produz (e aparentemente não possui uma finalidade prática), do que encarando-o de frente, de uma posição acima de tudo e de todos.

Com isso, já nos aproximamos do estado atual da crítica, um estado caracterizado por contradições e impasses. Antes, porém, de abordá-lo, será preciso percorrer um caminho que leve em consideração, ainda que superficialmente, alguns momentos importantes da história da crítica literária. Ele será seguido de um capítulo que tentará caracterizar a crise da crítica sob o ponto de vista de seus instrumentos, de uma **tecnologização da leitura**, que se faz a partir do aparecimento e consolidação de diversas **escolas críticas**, movimentos marcados por procedimentos interpretativos próprios, que englobam uma pletora de tendências antagônicas e que lutam pela primazia de dizer o que é a literatura e a cultura como um todo. Entre elas, os **estudos culturais** serão objeto de algumas páginas de análise, por serem eles uma vertente teórica que desafia o próprio conceito de literatura. A conclusão retoma algumas das características da crise da crítica, para tentar expô-la sucintamente.

CAPÍTULO 2

Quatro estudos de caso

Prática bastante comum em escritos introdutórios à história da crítica literária é a de resumir sua progressão, desde a Grécia Antiga até os dias de hoje, em uma visão panorâmica. Esse procedimento não é o mais adequado. Um comentário que percorresse séculos em algumas dezenas de páginas seria insuportavelmente monótono para o entendido e permaneceria arcano para o principiante. Além disso, ele necessariamente tenderia a pressupor um conceito trans-histórico de crítica, como se ela fosse uma entidade estável e já existisse, desde os primórdios, da forma como se apresenta agora. O oposto é mais verdadeiro, pois longe de ser algo constante, o conceito de crítica contém incongruências internas: ele não é idêntico a si próprio. Dentre os desafios de pensar historicamente uma prática tão complexa quanto a da crítica, um dos mais difíceis é não projetar sobre o passado algo que só foi constituído muito posteriormente, nem assumir um futuro para algo que pode estar em vias de dissolução. O comentário trans-histórico tradicional leva a uma homogeneização e linearização do tempo, que muito frequentemente fica refém de categorias historiográficas estanques, como os chamados estilos de época – Antiguidade, Idade Média, Renascimento, Barroco, Classicismo, Romantismo, Modernismo etc. É preciso ter muito cuidado com essas noções. Se, por um lado, elas são inevitáveis quando queremos pensar historicamente, por outro, devem ser encaradas como ferramentas rudimentares, grandes abstrações feitas a partir de uma imensa massa textual, com uma finalidade rigorosamente *auxiliar* em relação a alguma hipótese de leitura. Em outras palavras, os estilos de época nunca deveriam se apresentar como um fim em si e substituir o confronto direto com os textos que nomeiam.

Dentre os diversos problemas gerados pela historicização linear, há a tendência de conceber a sucessão dos estilos como se eles se superassem uns aos outros sem deixar restos, como se o mais novo apagasse os hábitos representacionais adquiridos. Mais interessante do que isso é imaginar que o passado pode muito bem subsistir de modo subordinado no presente e que, por outro lado, as sementes do futuro também seriam encontráveis nele, ainda que sempre de maneira retroativa, a partir de um ponto de vista posterior. Isso ajuda a explicar por que nenhuma grande obra se amolda perfeitamente ao período no qual foi composta, nem à descrição que dela se faz. Por exemplo, mesmo que proponha uma cisão radical com o passado, o gesto marcante de algumas vanguardas do começo do século XX – a ruptura com a tradição –, facilmente se converte em uma tradição da ruptura, o que inevitavelmente cria um vínculo com a história. Por outro lado, o trabalho crítico de gerações futuras mostra inequivocamente o quanto a grande obra continha os germes das décadas ou mesmo séculos vindouros. Na verdade, isso é uma condição para que determinado texto possa surgir como grande obra. O passado de um objeto literário de peso confunde-se com seu valor no presente; quando não há mais nada a dizer a seu respeito, ele se converte em mero documento histórico. Quando o estilo de época assume o primeiro plano, a interpretação muito facilmente se transforma em uma dinâmica de *identificação de características* nas obras (natureza e subjetividade para o romantismo, cientificidade e objetividade para o realismo etc.). A obra estudada transforma-se desta maneira em uma simples ilustração de um conhecimento que, em última instância, prescinde de um contato com a literatura – algo muito útil para se fazer uma prova, mas um fracasso tanto do ponto de vista da experiência subjetiva quanto da produção do conhecimento. Por fim, um encadeamento de fatos e nomes (e os exemplos não são senão a forma ampliada da definição) não deixaria muito espaço para o pensamento do leitor, que seria assim encorajado a decorar tantas e tantas informações, não estabelecendo com elas vínculo pessoal algum.

O objetivo deste capítulo não é oferecer uma visão ossificada e exterior, mas chamar a atenção para alguns dos momentos marcantes da história da crítica literária, de maneira a contextualizar minimamente a crise do presente, a ser esboçada no final. Haverá inúmeras lacunas, e o leitor está convidado a preenchê-las com sua própria pesquisa.

Uma espécie de regra poderá nos auxiliar a esta altura: a crítica será tão mais urgente, quanto mais se precisar, em determinada situação social e momento histórico, de uma explicação para textos relevantes. Em períodos nos quais o sentido era algo socialmente compartilhado, aparentemente não problemático, a crítica teve papel modesto ou negligenciável. Em outros termos, a crítica pressupõe alguma enigmaticidade das obras, o fato de que, pelas mais diversas circunstâncias, elas não parecem mais falar por si próprias: se fossem veículos de comunicação transparente, não precisariam de intérpretes. Isso se aplica tanto à dificuldade ou hermetismo de determinado artefato, quanto ao distanciamento promovido pelo passar do tempo. No entanto, o passado não é algo estanque: quando, a partir do século XIX, mas principalmente depois do modernismo, a literatura assume conscientemente seu caráter de enigma (pensemos em Kafka, Joyce, Proust, ou Guimarães Rosa), isso passa a afetar retroativamente até mesmo a simplicidade anteriormente presente, que começa a exibir algo de desconcertante e insólito. A pergunta que se impõe, portanto, é: em que medida o presente exige que os textos literários sejam comentados e interpretados?

Outra maneira de abordar o mesmo problema é lembrar que o tempo não é homogêneo e que há momentos prenhes de sentido nos quais é possível encontrar resquícios do passado e antecipações do futuro. Uma tarefa interessante da crítica é perceber, na periodização da literatura, esses momentos liminares, a coexistência de passado e futuro em determinado presente. Essa temporalidade complexa, no entanto, difere qualitativamente em épocas distintas e se é lícito dizer que não existe instante idêntico a si mesmo, isso não significa que todos sejam igualmente enfáticos e tenham o mesmo poder de elucidação.

As quatro seções a seguir descrevem aspectos decisivos da constituição da crítica literária, a saber, a emergência da oposição entre verdade e ficção, a possibilidade de as palavras serem mais do que si mesmas, a conquista da ideia de igualdade, o surgimento da ideia de obra como algo autônomo e regido por leis próprias. O ideal seria que cada parte funcionasse como um elemento de uma frase crítica, da qual o livro seria o resultado.

2.1. O surgimento do discurso da verdade na Grécia Antiga

O primeiro momento-chave que nos interessa é o processo de fundação na Grécia Clássica, por volta dos séculos VI a IV a.E.C.[1], do discurso da verdade. O surgimento da crítica literária (muito antes de existirem a crítica ou a literatura no sentido que hoje conferimos a estes termos) deu-se em conjunção com o estabelecimento da filosofia como um saber capaz de explicar o mundo. Uma das maneiras com as quais o discurso filosófico pode ser caracterizado refere-se à distinção entre a linguagem, aquilo que é enunciado, e o mundo ao redor. Nosso conceito atual de verdade implica a ideia de que ela precisa, de alguma maneira, ser verificada, testada, comprovada; por isso, ela é indissociável de argumentos que a justifiquem. Tais argumentos, por sua vez, devem ser logicamente consistentes uns em relação

[1] "Era Comum" e "antes da Era Comum" são termos que visam fornecer uma nomenclatura não cristocêntrica de datação, substituindo "depois de Cristo" (ou "Anno Domini) e "antes de Cristo".

aos outros. Na Grécia Arcaica (séc. VIII a.E.C.) – como muito bem lembra Marcel Detienne em seu excelente livro *Mestres da verdade na Grécia arcaica* (2013) – isso não ocorria. À fala comum, do dia a dia, opunha-se uma outra, eficaz, de caráter performativo, que tornava real aquilo que se pronunciava. A performatividade na língua não é difícil de explicar. Para entendê-la basta prestar atenção às manifestações de linguagem que podem ser vistas como verdadeiros atos de fala. Para casar-se, é necessário que uma pessoa autorizada diga "declaro-vos marido e mulher"; o batismo de um navio não acontece se não se pronunciar "batizo este navio Queen Mary"; e até mesmo o ato de jurar é impossível caso não se diga "eu juro". No limite, até mesmo um enunciado do tipo "o dia está bonito hoje" traz um caráter performativo na medida em que pressupõe um "eu creio que" subjacente.

Na Grécia Arcaica, havia determinados tipos de enunciação que possuíam uma performatividade extrema. A instância mais evidente disso, sem dúvida, era a do oráculo. Seu pronunciamento não descrevia uma realidade, mas a instaurava como tal; em outras palavras, ele não refletia um evento já ocorrido, mas, como um ato, já era parte de sua realização. Vem daí a adequação da enunciação oracular ao trágico, na medida em que, como por exemplo no caso de Édipo, a concretização daquilo que foi prognosticado ocorre justamente por meio da tentativa de evitá-lo. A estruturação do tempo, aqui, é muito diferente da que conhecemos. O futuro para o qual o oráculo aponta não é algo que se encontra em uma profundidade temporal, um ponto no qual se chegará após uma sucessão de unidades abstratas (horas, minutos ou segundos). Pelo contrário, ele já habita o presente no momento de sua enunciação e continua ressoando até o momento final, não importa quão tardio, de sua realização. A maldição ou bênção são resquícios disso. É interessante notar que, como o prognóstico do oráculo é uma função dos desígnios dos deuses, ele também participa do âmbito da justiça. Na Grécia Arcaica, os procedimentos jurídicos misturavam-se a práticas divinatórias. A sentença do Rei-Juiz, que por vezes dependia de uma prova de valor dos participantes, era ela mesma a manifestação da justiça.

Porém, a esfera que mais nos interessa é a da poesia épica, quando ainda era recitada e cantada pelo aedo ou rapsodo, o bardo grego. As grandes obras de Homero eram, na realidade, composições orais que continham um grau considerável de improvisação. Nelas, encontram-se abundantemente fórmulas cujo objetivo era facilitar o encaixe de palavras na forma do hexâmetro dactílico da *Ilíada* e da *Odisseia*. Era assim fundamental que o aedo dominasse técnicas mnemônicas sofisticadas para poder lembrar-se de tantos e tamanhos versos. Tais técnicas, porém, não eram vistas como simples meios ou instrumentos para um fim determinado, mas faziam parte de um rigoroso treinamento religioso em grupo, nas irmandades de poetas. A memória, neste caso, estava ligada ao sagrado. As Musas eram filhas de Zeus com Mnemosine, a deusa da memória, e não é à toa que a epopeia começa com a sua invocação, como no caso da *Odisseia*:

> O homem multiversátil, Musa, canta, as muitas
> errâncias, destruída Troia, urbe sacra,
> as muitas cidadelas e homens cuja mente
> escrutinou, as muitas dores que amargou
> no mar a fim de preservar o próprio alento
> e a volta aos sócios. Não os salva, desejoso
> embora: a insensatez – pueris! – os vitimou,
> pois Hélios hiperônio lhes recusa a luz
> da volta, morto o gado seu que eles comeram.
> Começa desse ponto o canto, musa olímpica![2]

O apelo do aedo não é um ornamento, como viria a se tornar na épica renascentista, quando esse dado de conteúdo se transformaria em uma exigência formal, mas é antes um chamado para que a deusa

---

[2] Homero (2011). *Odisseia*. Trad. Trajano Vieira. São Paulo: Editora 34.

o ilumine, ou mesmo o possua, para ele poder ter acesso à realidade mítica passada. Até hoje a ideia que temos de inspiração guarda ecos, ainda que remotíssimos, disso, de uma possessão por alguma divindade. Por meio da ação das Musas, o aedo ascendia a um mundo que, assim como no caso do oráculo, desconhecia uma temporalidade concebida como profundidade – ou seja, na qual o presente destrói o passado, tornando-o irrecuperável. Mesmo que os grandes feitos de heróis como Aquiles e Ulisses de fato já tenham ocorrido, eles continuam vivos e irradiam-se até o momento no qual se ouve o poema, que assim menos relata do que reinstaura, menos remete do que invoca ou conjura, o mundo da história narrada. Esse tipo de poesia religiosa aparecia assim como uma maneira de combater a morte e o esquecimento, que para os gregos estavam estreitamente relacionados.

Uma consequência direta desse estatuto performativo ou eficaz de linguagem é que as falas do oráculo, do Rei-Juiz e do aedo não podem ser submetidas à oposição do falso *versus* verdadeiro. Porém, isso não quer dizer que elas fossem transparentes e desprovidas de incertezas. Muito pelo contrário, eram marcadas por uma ambiguidade intransponível. No caso do oráculo, isso é óbvio, pois a obscuridade dos seus pronunciamentos exigia a interpretação, que com muita facilidade poderia levar ao erro. (Um exemplo tardio disso, mas nem por isso menos interessante, são as predições das bruxas no *Macbeth*, de Shakespeare: elas marcam a tensa coexistência do mundo antigo e do moderno.) Já em relação ao aedo, lembrança e esquecimento estavam entrelaçados não apenas porque sua memória poderia ser falha, mas porque, para que pudesse se lembrar das histórias passadas, devia esquecer-se do presente e de tudo o mais que o cercava. A fala, *logos*, não era concebida como um instrumento, mas como parte da natureza, *phýsis*, e como tal podia crescer, diminuir ou até mesmo desaparecer em alguém. Se observarmos que os *logoi* do oráculo, do Rei-Juiz e do aedo correspondiam a funções religiosas e sociais, perceberemos que elas serão afetadas tanto por transformações externas quanto pela sua própria competência. Em outras palavras, o mundo invocado por essas figuras não poderia entrar demais em choque com a realidade material da sociedade, sob o risco de tornar-se impraticável.

Com o passar do tempo, a discrepância entre os dois universos tornou-se grande demais e foi a partir dela que se pôde desenvolver o discurso da verdade como o conhecemos hoje e, consequentemente, a concepção da linguagem como adequação à realidade. É interessante perceber que suas primeiras manifestações na Grécia Arcaica não apareceram no contexto da reflexão ou meditação desinteressada sobre as coisas. Pelo contrário, a dessacralização da fala e sua consequente democratização iniciaram-se no ambiente militar, no contexto da guerra. Já no período micênico (1600-1050 a.E.C.), os guerreiros representavam um grupo destacado, que gozava de certa independência, possuía um caráter especial e seguia regras próprias de conduta. Tanto para os jogos atléticos, quanto para a distribuição do butim, dos espólios das batalhas, e para a discussão de temas de interesse geral, havia uma prática comum. Os guerreiros sentavam-se em círculo e colocavam no centro um objeto privilegiado, fosse o prêmio para o vencedor dos jogos, os pertences do inimigo – incluindo aqui escravos e escravas –, ou o cetro que permitia a fala. Para toda uma tradição da Grécia Arcaica, colocar no centro significava trazer para o âmbito da coletividade, tornar público para o grupo.

A fala aqui é notadamente diferente da do oráculo, rei-juiz ou aedo: ao invés de originar-se em uma figura especial, ela caracteriza-se como igualitária; ao invés de religiosa, é secular; e, ao invés de performativa, é marcada por uma natureza não apenas dialógica, mas também instrumental. Como tal, ela continha em germe os atributos que associamos à busca da verdade, à argumentação e à comprovação. Nas assembleias militares, o valor da fala pela primeira vez passava a depender do julgamento do grupo como um todo. À medida que a sociedade grega desenvolvia-se durante os séculos VII e VI a.E.C., as prerrogativas dos guerreiros foram sendo gradualmente estendidas a outros grupos, passando por fim a corresponder à própria *pólis*, à cidade grega como um todo – sem esquecer, é claro, que escravos, estrangeiros e mulheres permaneceriam excluídos desse novo horizonte de isonomia.

Trata-se, portanto, de um processo que pode ser chamado de desmitificação, dessacralização, ou secularização da linguagem: a passagem de uma fala de autoridade ligada ao sagrado para uma outra de natureza participativa. Seria, porém, equivocado pensar que essa transição tenha se dado tranquila e pacificamente. Pelo contrário, o nascimento da filosofia no século IV a.E.C. atesta a beligerância que esse tipo de saber exibia perante as outras formas de discursividade existentes e de caracterizações da verdade. E é interessante perceber que a principal corrente de pensamento à época, aquela que viria a imprimir sua marca em todo o desenvolvimento posterior da filosofia – a saber, o platonismo –, não representava o grau mais avançado de secularização. Junto com os pitagóricos, por exemplo, a filosofia de Platão continha diversos elementos religiosos e a contemplação da verdade era menos uma metáfora do que um gesto concreto de visão. Quem lidava com a linguagem como um real instrumento, desvinculando-a mais completamente de elementos sagrados, eram os sofistas, inimigos privilegiados de Sócrates. Muito ligados à arte da retórica, defendiam a primazia do âmbito da opinião (*doxa*) sobre a verdade como lembrança. Ora, a opinião pertence ao reino da incerteza, da ambiguidade e da mudança. Em suma, ela é aquilo que mais adequadamente se presta à manipulação nas mãos (e palavras) de um bom orador. Como afirma Detienne,

> [e]m um mundo no qual as relações sociais eram controladas pela fala, tanto o sofista quanto o orador eram especialistas no discurso, no *logos*. Ambos ajudaram a elaborar uma linha de pensamento sobre o

logos como instrumento e meio de afetar as pessoas. Para o sofista, o campo da fala era limitado pela tensão entre duas visões contrárias expressas para cada assunto, a contradição entre duas teses defendidas para cada questão. Nesse nível de pensamento regido pelo "princípio de contradição", o sofista é um teórico capaz de impor uma lógica à ambiguidade e alguém que pode transformar essa lógica em um instrumento com o poder de fascinar seu oponente e fazer o mais fraco triunfar sobre o mais forte.

Contra os sofistas, Platão tentará provar a realidade suprassensível das Ideias, que funcionariam como uma garantia para a aceitação da doutrina. Para nossos propósitos, porém, mais importante do que a disputa da filosofia nascente contra a sofística e a retórica, foi o confronto com o mito. O ataque de Sócrates na *República*, de Platão, contra os poetas é conhecido; eles teriam um efeito nocivo na coletividade não apenas porque suas composições poderiam enfraquecer os corações dos habitantes da cidade ideal, mas também porque suas obras seriam uma mímesis de segundo grau, a cópia de algo existente, que já seria uma cópia da Ideia desse algo. (Vale notar de passagem que isso não o impediu de usar mitos como elementos importantes na explicação de sua filosofia.) Platão, na realidade, não foi o primeiro a voltar-se contra Homero; ele fazia parte de uma tradição de objeções à épica e à tragédia, que censurava, dentre outros aspectos, a maneira como a *Ilíada* e a *Odisseia* representavam os deuses, que tinham vários defeitos, e os possíveis efeitos advindos disso na educação dos jovens. Note-se, porém, que a própria transição para o âmbito escolar já representava uma transformação da função religioso-divinatória em função educacional. No entanto, mesmo neste âmbito, a literatura tinha algo de perigoso e era necessário provar que ela não falava realmente a verdade.

Logo adiante, discutiremos uma defesa de Homero, mas até lá vale a pena tirar duas conclusões do que foi dito até agora.

Em primeiro lugar, seria errôneo atribuir a essa transição especificamente grega uma centralidade absoluta, como se todo o desenvolvimento futuro da literatura dependesse linearmente dela. Ainda que fundamental e, em certo sentido, originária, essa experiência de secularização da linguagem seria repetida por diversas vezes no decorrer da história do Ocidente em contextos e condições bem diversos dos da Grécia Arcaica. Para dizer a verdade, o processo de secularização da literatura em certa medida ainda ocorre até hoje, na medida em que ela mesma procura desvencilhar-se de tudo aquilo que seria extrínseco aos seus propósitos, que não poderia ser justificado a partir de suas próprias leis composicionais, seja de cunho tradicional, convencional, ou moral. Por outro lado, é interessante perceber que essa desmitificação ou racionalização nunca poderá ser completa: a origem da literatura no culto e na magia, apesar de toda a secularização – cada vez maior – por que tem passado, não foi realmente superada. Cada obra traz em si uma memória, ainda que ínfima, daquilo que era anterior ao estabelecimento do discurso da verdade. Um exemplo disso é aquele caráter enigmático que assombra toda obra ambiciosa: por que ela existe? Por que se está contando *esta* história *desta* maneira? Por que tanto esforço, tanto trabalho de composição? Como o simples entretenimento está fora de questão (a obra é ambiciosa), e como o lugar estrito do saber é o das ciências, fica a suspeita de que a obra tem algo de vital a dizer. No entanto, não pode fazê-lo diretamente, pois se isso acontecesse ela deixaria de ser ficção e se tornaria outra coisa.

Vem daí a segunda conclusão: o surgimento do discurso da verdade e a desmitificação que dá origem aos primeiros brotos daquilo que seria a literatura colocam-na em uma situação na qual *precisa de um discurso segundo, posterior,* que será o da crítica. Para dizer didaticamente: como a literatura por definição não pode dizer o que é (de novo, porque se o dissesse deixaria de ser arte e ficção), precisa de um tipo de escrita que a caracterize como tal, que a diga. O outro lado dessa questão é que, justamente por não se adequar imediatamente ao discurso da verdade, a literatura pode servir como crítica a ele, àquilo que ele oculta e silencia. Mas não deveria surpreender que, obviamente, a crítica que a literatura faz à filosofia (ou à própria crítica literária) não possa prescindir de um discurso crítico que a articule.

Vejamos um exemplo concreto de uma obra de crítica literária da Antiguidade. *Alegorias de Homero* foi escrito por volta do século I E.C. pelo gramático e orador Heráclito (não confundir com o filósofo pré-socrático de mesmo nome, que viveu por volta de 535 a 475 a.E.C.., também chamado de "o Obscuro"). Estamos então a mais de oitocentos anos após Homero e quatrocentos depois de Platão. A intenção do texto de Heráclito é clara: resgatar Homero das acusações de impiedade, de irreligiosidade, e de provar que os deuses e heróis na *Ilíada* e *Odisseia*, em vez de imorais ou pecaminosos, são na realidade figuras edificantes. Trata-se aqui de uma manifestação inicial, mas não a primeira, de uma escrita que viria a ter um longo percurso: a da defesa da poesia. Com efeito, seria possível escrever toda uma história da crítica literária a partir das tentativas de proteger a literatura contra argumentos que, apesar do transcorrer de séculos, não mudaram tanto assim. Sem dúvida, a denúncia de que as obras literárias podem fazer mal aos leitores caiu em descrédito; só a ouvimos hoje na boca de setores extremamente conservadores, como os fundamentalistas religiosos. No entanto, uma outra objeção continua muito viva até o presente, a de que ela não tem utilidade, de que não serve para nada e de que o tempo empregado em seu estudo e apreciação é na realidade um desperdício, pois poderia ser usado para alguma atividade realmente produtiva.

Este não é o momento de defender a literatura desse tipo de acusação, que adquirirá toda a sua violência somente no século XIX, à medida que o utilitarismo – a incapacidade de reconhecer a existência de algo que não esteja subordinado a uma finalidade imediata – for definitivamente marcando o desenvolvimento social. Por ora, é importante observar que Platão não foi o primeiro a condenar Homero. Xenófanes de Cólofon dizia, já no século VI a.E.C.: "Homero e Hesíodo conferiram aos Deuses todas aquelas características que entre os homens são vergonhosas e reprováveis: roubo, adultério e trapaça mútua". Para defender Homero, Heráclito fará uso de um procedimento interpretativo então tradicional, que já vinha sendo empregado para a leitura do poeta talvez desde o séc. VI a.E.C. Esse procedimento, é claro, é a alegoria. Concebida como uma figura retórica, ela consiste em dizer uma coisa para, além disso, significar algo diverso (do grego: *alla* = outro; *agoreuein* = dizer). Em outros termos, ela equivale a acrescentar uma nova camada de sentido ao texto, postulando ter sido intencionalmente inserido pelo autor um sentido oculto sob uma superfície aparentemente enganadora.

A história da alegoria, em certa medida, confunde-se com a da própria crítica. Como estratégia de composição, ela fornece riqueza e variedade à história ou à imagística do verso; como instrumento de interpretação, permite – ao acrescentar uma nova camada de sentido – deslocar o texto, mostrando que ele diz mais do que parece. A leitura alegórica será tão mais convincente quanto mais parecer brotar naturalmente da obra, quanto menos levantar a suspeita de ser uma imposição arbitrária por parte do intérprete. O problema enfrentado por Heráclito, portanto, era comum a qualquer alegorista: como dar consistência e coerência à elaboração alegórica? Como dissipar a dúvida de que ela não é algo imposto ao texto, mas que surge dele?

Seria enganoso, porém, pensar que a alegorização realizada por Heráclito fosse um projeto pessoal. Havia razões objetivas para tanto. Porque não era apenas o caso de a prática ser absolutamente comum (envolvendo mesmo aqueles que queriam vilipendiar Homero). A explicação alegórica também era em alguma medida necessária devido às próprias dificuldades apresentadas pelo texto. Algumas passagens de Homero eram obscuras até mesmo para os contemporâneos de Platão, a linguagem dos poemas era arcaica e convidava a especulações a respeito dos sentidos das palavras. Some-se a isso que o próprio desaparecimento do horizonte místico-iniciático tornava o texto de compreensão mais difícil. Diante desse estado de coisas, Heráclito tenta alegorizar a *Ilíada* e a *Odisseia* como um todo, linearmente, esforçando-se para deixar claro que todo e qualquer ponto contencioso poderia ser explicado por meio desta figura. Ele não faz uso de uma fonte explicativa, mas de três: a física, a moral, e aquela tradicionalmente chamada de histórica, que procura no mito uma explicação racional. No primeiro caso, os deuses são vistos como representando elementos da natureza, sejam eles mais ou menos corriqueiros ou de caráter cósmico/cosmológico. Por exemplo, no começo da *Ilíada*, há a explicação da peste que assolou os aquivos quando Agamémnone recusa o resgate oferecido por Crises, para resgatar sua filha. Como este era sacerdote de Apolo e em nome do deus implorara a libertação de sua Criseida, dirige-lhe uma prece:

> Ouve-me, ó deus do arco argênteo, que Crisa, cuidoso, proteges e a santa Cila, e que tens o comando supremo de Ténedo! Ajudador! Já te tenho construído magníficos templos, bem como coxas queimado de pingues ovelhas e touros. Ouve-me, agora, e realiza este voto ardoroso que faço: possas vingar dos Aqueus, com teus dardos, o pranto que verto[3].

Heráclito interpreta a vingança de Apolo como um evento natural, ao dizer que "se trata de mostrar que, para Homero, Apolo se confunde com o sol" (e o confronto posterior com Poseidon vem do fato de este representar o mar).

---

[3] Homero (2011). *Ilíada*. Trad.: Carlos Alberto Nunes. São Paulo: Hedra.

> Quanto à peste, ela resulta da atividade solar: "Quando o verão que nos dá o sol, tépido e doce, gera um calor calmo, graças ao brilho moderado do astro, é como uma luz de vida que sorri aos homens. Porém quando o verão é seco e ardente, faz vir do sol vapores insalubres e os organismos, cansados por essa mudança inesperada produzida no ar ambiente, sucumbem às infecções da peste.
>
> A conclusão é lógica:
>
> Se admitimos que a época em questão é sem dúvida o verão, que essa estação do verão é aquela na qual as doenças se declaram e que as epidemias de peste são da competência de Apolo, como não pensar que o acontecimento em questão não vem de uma cólera divina, mas de circunstâncias atmosféricas?

Já na alegoria moral, os deuses representam virtudes ou vícios. É interessante notar que alguns se prestam mais à primeira modalidade, como Poseidon e Apolo, e outras divindades, como Atena e Afrodite, mais ao mundo da moralidade. Um exemplo seria a seguinte passagem:

> Enfurecido com essas palavras ficou o Pelida, o coração a flutuar, indeciso, no peito veloso, sobre se a espada cortante, ali mesmo, do flanco arrancasse e, dispersando os presentes, o Atrida, desta arte, punisse, ou se o furor procurasse conter, dominando a alma nobre. Enquanto no coração e no espírito assim refletia, e a grande espada de bronze arrancava, do Céu baixou prestes Palas Atena, mandada por Hera, de braços muito alvos, que a ambos prezava e cuidava dos dois por maneira indistinta. Por trás de Aquiles postando-se, os louros cabelos lhe agarra, a ele visível somente; nenhum dos presentes a via. Cheio de espanto, o Pelida virou-se; porém pelo brilho que se lhe expande dos olhos, conhece que é Palas Atena. Volta-se, então, para a deusa, e lhe diz as palavras aladas: "Filha de Zeus tempestuoso, que causa te trouxe até Troia? Ver os ultrajes que o Atrida Agamémnone me faz neste instante? Ora te digo com toda a clareza o que vai realizar-se: Vai a existência custar-lhe essa grande arrogância de agora". A de olhos glaucos, Atena, lhe disse o seguinte, em resposta:

> "Para acalmar-te o furor, tão somente, ora vim do alto Olimpo; caso me atendas, enviada por Hera, de braços muito alvos que, por igual, a ambos preza e dos dois, cuidadosa, se ocupa. Vamos, refreia tua cólera, deixa em repouso essa espada.

Heráclito verá em Atena uma alegoria da parte racional da alma, a inteligência, que sobrepuja os impulsos violentos e fora de controle vindos da parte inferior da alma. Em suas palavras:

> Aquiles, cheio de cólera, lança-se sobre sua espada. Deixou a razão em sua cabeça ficar obscurecida pela cólera que agita seu peito, mas logo sua razão a supera, arranca Aquiles do feito que estava a ponto de realizar, e o leva a um estado melhor. Esta conversão com a ajuda da razão é justamente o que os poemas homéricos identificam com Atena.

Com isso, fica provado o caráter moralmente positivo da *Ilíada*.

Como um exemplo do último tipo de alegoria, que em certa medida engloba os outros dois, vale a pena mencionar a principal leitura de Heráclito, a da belíssima descrição do escudo de Aquiles na *Ilíada* (XVIII, 478-608), que ocupa aproximadamente um décimo de *Alegorias de Homero*. Trata-se de uma passagem especialmente interessante devido a seu caráter especular – uma narração dentro de uma narração, uma história dentro de uma história. O primeiro aspecto a ser notado é de natureza cosmológica:

> Quais são as origens primeiras deste universo, qual é seu demiurgo, como foram as diversas partes separadas da massa originária – tudo isso Homero expõe e demonstra claramente quando forja, com o escudo de Aquiles, uma imagem do cosmos e de sua forma circular.

Na *Ilíada*, o escudo é construído por Hefestos, deus do fogo, o que corresponderia alegoricamente "à fabricação do universo a partir do reino da noite". Homero é visto como um físico: "Ele mostrou primeiramente que no momento no qual a matéria não era senão um bloco informe, a noite reinava; chegada a hora de confeccionar todas as coisas, ele entrega essa tarefa a Hefestos, ou seja, à essência quente", o elemento fogo.

Em seguida, Heráclito volta-se para a constituição do escudo. Contra aqueles que suporiam que ele deveria ser feito todo de ouro, o material mais precioso, Heráclito defende uma abrangência dos materiais, que estariam associados aos elementos naturais:

> Trata-se em realidade da mistura dos quatro elementos: Homero nomeou de *ouro* a substância do éter; *prata*, a substância que se aproxima bastante desse metal por sua própria coloração, o ar; a água e a terra são chamadas *bronze* e *estanho* devido à densidade de ambos.

Heráclito dedica então várias páginas não apenas a mostrar que a forma redonda do escudo designa a esfericidade da Terra, como também para provar "cientificamente" que ela é uma esfera.

Em certo momento, Homero descreve duas cidades, uma na qual reina a paz, e outra marcada pela guerra, em uma passagem dificilmente edificante:

> Os sitiadores que estavam reunidos em junta ao ouvirem a gritaria do assalto aos rebanhos depressa abalaram em seus velozes corcéis alcançando na margem do rio aos da cidade e travando com eles renhida batalha onde aéneas lanças furiosas causaram recíprocos danos. Via-se a fera Discórdia, o Tumulto e a funesta e inamável Parca, que havia agarrado um ferido, um guerreiro ainda ileso, e pelos pés arrastava um terceiro que a vida perdera (530-537).

Heráclito argumenta que tanto os elementos, quanto os vícios e as virtudes encontram-se em constante confronto e conflito e que a batalha, longe de meramente representar um lamentável evento isolado, deixa entrever uma realidade subjacente à natureza das coisas e dos homens.

Para concluir, vale observar que o livro de Heráclito testemunha um estado transitório na concepção da literatura. Se, por um lado, o aspecto mítico-cúltico da *Ilíada* e da *Odisseia* desapareceu – e elas não mais veiculam uma verdade performativa de uma realidade transcendente –, por outro, são vistas como repositórios de toda espécie de saber. Além de conter histórias que podem entreter e cativar a atenção, os poemas são lidos como fontes de conhecimento geográfico, medicinal, astrológico, moral etc. Ainda estamos muito longe de uma visão da literatura como representação particularizada, fechada em si mesma. Antes de chegar lá, será necessário percorrer um longo caminho, cujo próximo ponto determinante é o estabelecimento da hermenêutica bíblica em quatro níveis.

2.2.

Sobre a hermenêutica bíblica: as palavras não precisam ser só o que são

A rigor, o sagrado não precisa da letra, mas ela lhe é bastante conveniente. Sua aparente fixidez e estabilidade aliviam a memória do sacerdote e facilitam a transmissão de uma doutrina que agora pode mostrar-se muito mais complexa e assumir uma penetração bem mais aprofundada na vida tanto do indivíduo quanto das nações. A escrita democratiza a religião (se é possível usar esse verbo), na medida em que incentiva o raciocínio, o debate e a comprovação, e não a mera obediência à palavra no ar; por outro lado, porém, ela também intensifica as possibilidades de controle, uma vez que se faz mais disponível, podendo ser invocada com maior facilidade. Seja como for, o problema é que o escrito não é tão permanente assim. A língua está continuamente sujeita a instabilidades, a ambiguidades que geram transformações e as transformações que criam ambiguidades. De um lado, qualquer idioma sempre apresentará vocábulos com duplos sentidos, sons idênticos para letras diferentes, letras idênticas para sons diferentes. Por outro lado, sempre contará com variações dialetais (a pressão do espaço sobre a língua), sofrerá a influência de outros idiomas (o efeito do choque das culturas), e produzirá neologismos (a abertura da linguagem para o novo). A escrita luta contra toda essa diversidade e, por vezes, consegue até usá-la a seu favor. No entanto, por mais criativa que seja, por mais que explore os recursos que a língua oferece, não conseguirá subtrair-se à ação do tempo, no qual inescapavelmente estão inseridas as palavras e os textos: as palavras por mudarem de significados e os textos por participarem do mundo físico.

Quando lemos a Bíblia, temos a impressão de ter algo palpável, sólido e fixo nas mãos e diante dos olhos. Isso, porém, é uma ilusão. Aquilo que pode parecer tão homogêneo é, na realidade, resultado de um longo percurso de construção, que abarca milênios. Em primeiro lugar, a Bíblia contém em si uma história de formas materiais de escrita, de diferentes suportes para a letra, que, mais do que simplesmente interferirem no significado, dão-lhe corpo. Diferentes tipos de materialidade sugerem diferentes formas de relacionamento com a letra. As Tábuas da Lei de Moisés nos fazem lembrar que a pedra já foi instrumento de escrita; além dela, os tempos bíblicos também testemunharam o uso de argila, madeira, metal, óstraco, papiro, couro e pergaminho – e como a tradição bíblica é viva, seria necessário acrescentar, nos dias de hoje, todos os formatos digitais. O livro, um artefato tão natural, veio do códice, uma invenção tardia, que data do século I E.C. e que até pelo menos o século IV E.C. competia com os rolos, num tempo em que a ideia de página não fazia sentido.

Não há uma fonte inequívoca para os textos que compõem a Bíblia; qualquer versão que você escolha ler será o resultado de um processo de edição que contrapõe os diversos manuscritos disponíveis e seleciona, segundo critérios determinados, a melhor opção dentre as variantes existentes. E as fontes disponíveis são relativamente recentes. Até meados do século passado, os manuscritos mais antigos do Antigo Testamento eram o Códice de Alepo, que data de aproximadamente 920 E.C. e o Códice de Leningrado, *circa* 1008 E.C.; os Manuscritos do Mar Morto, descobertos em 1947 (há menos de setenta anos atrás!), são de um milênio antes. A transmissão dos manuscritos era feita por meio de copistas, que reproduziam o texto original à mão, o que levava a erros, apesar da impressionante dedicação que grande parte deles empenhava. Além disso, é preciso considerar que na base dos livros da Bíblia está a tradição oral: muitas das histórias narradas no papel tiveram sua origem em recitações em grupo. (Com efeito, a ideia que temos da leitura como algo silencioso e individual, que toca nossa intimidade, só se consolidou tardiamente, possivelmente no século XVIII, e tem como pressuposto a invenção da prensa e a popularização do livro como objeto.)

A essa variedade de suportes e fontes soma-se uma notável heterogeneidade textual. Primeiramente, em relação às línguas: a Bíblia Hebraica, o Tanach, foi escrito em hebraico, com algumas passagens em aramaico (por exemplo, os livros de Daniel e de Esdras); o Novo Testamento, em grego. Para quase todos nós, a leitura tem que se dar por meio de traduções, que devem adaptar as peculiaridades das línguas originais às características dos diversos idiomas modernos. Com isso, mesmo que o sentido principal seja mantido, necessariamente ocorrem desvios de nuances e detalhes, tanto do ponto de vista do sentido, das associações que os significados geram entre si, quanto do som, da música que reveste as palavras. Em segundo lugar, é importante ter em mente que a Bíblia não é um livro, mas antes uma biblioteca. Suas diversas partes abrangem várias formas de composição e entre seus gêneros encontramos narrativas de mitos e lendas, códigos legais e normas de conduta (incluindo restrições alimentares), genealogias, anais, profecias, odes, poesia lírica e amorosa, orações, provérbios, parábolas, epístolas e homilias, dentre outros. Cada um deles desempenhava uma função específica na vida cotidiana das comunidades judaicas e cristãs do passado; a separação entre religião, de um lado, e estado, ciência e lei, de outro, não existia.

Por fim, a própria escolha dos livros que compõem a Bíblia e que adquirem assim estatuto canônico de autoridade, não é consensual. Certamente, o prestígio de cada texto no interior das comunidades dos crentes teve um peso significativo no processo de formação dos livros das Escrituras Sagradas, mas isso não tira a importância das decisões da liderança eclesiástica sobre o que tem ou não força de sagrado. Um exemplo central refere-se às diferenças entre as Bíblias católica e a protestante. A católica baseou-se na Septuaginta, uma tradução do Tanach para o grego realizada entre os séculos III e I a.E.C. e que no entanto continha sete livros não reconhecidos pelos sacerdotes judeus da época (Tobias, Judite, Sabedoria, Eclesiastes, Baruc, Macabeus I e II). Com a Reforma, as igrejas protestantes consideraram esses livros espúrios (ou apócrifos), por razões de doutrina, e como forma de se diferenciar do catolicismo. As Bíblias luterana e anglicana costumam trazê-los em apêndice, enquanto outras denominações excluem-nos por completo.

É somente após levar em consideração todos esses aspectos que, por assim dizer, rodeiam a Bíblia – a multiplicidade de suportes, a incerteza em relação às fontes orais, a distância entre as línguas, a variedade de gêneros discursivos e discordâncias na formação do cânon –, é somente após levar tudo isso em consideração que será possível aludir aos problemas propriamente intratextuais que perpassam os livros que a compõem. Eles são, de fato, muito numerosos e vão desde as diferentes versões da Criação no Gênesis, passando pelas inconsistências, por exemplo, da história do dilúvio, e chegam aos diferentes relatos nos Evangelhos sobre os últimos dias de Jesus. Na Bíblia Hebraica, segundo a hipótese documental[1], haveria quatro fontes diferentes: *J* designa Deus como "Yaweh"; *E*, como "Elohim"; D corresponderia basicamente

[1] Sigo aqui a esclarecedora exposição de Christine Hayes (2002).

ao *Deuteronômio* e P equivaleria ao texto dos sacerdotes e compreenderia principalmente *Levítico* e *Números*. Essas quatro fontes teriam sido combinadas no decorrer da história e explicariam várias das incongruências e contradições presentes nas narrativas bíblicas do Antigo Testamento.

Note-se bem, a intenção aqui não é desmerecer a Bíblia ou diminuir seu valor; trata-se, pelo contrário, de atentar para o quanto a interpretação é indispensável para trazer unidade e coerência a esse conjunto de textos e a sua relação com o presente. Muito do que há de fascinante na exegese bíblica advém da necessidade de lidar satisfatoriamente com o transitório e o ambivalente na busca daquilo que se subtrairia à temporalidade e ao espaço. Versões interpretativas mais fracas tentam meramente desvencilhar-se do efêmero e do incoerente como simples entraves, estorvos no caminho do uno verdadeiro; as mais interessantes concebem-nos como *estágios necessários*, sem os quais não seria possível alcançar a revelação. Por mais paradoxal que pareça, o acidental seria um pressuposto necessário para se chegar ao núcleo imutável da doutrina.

Tudo fica ainda mais intrigante quando percebemos que esse movimento interpretativo já é *interno* ao texto bíblico, como se ele lesse a si próprio e em alguma medida antecipasse o que fazemos com ele. Em certo sentido, isso é natural: a Bíblia Hebraica engloba escritos compostos de aproximadamente 1000 a.E.C. a 160 a.E.C.; o Novo Testamento surgiu no século I E.C. Com um período tão extenso, não é de espantar que os livros mais antigos viessem a adquirir certa enigmaticidade vários séculos depois. Vejamos esta passagem de Atos (8,26-38):

> E o anjo do Senhor falou a Filipe, dizendo: Levanta-te, e vai para o lado do sul, ao caminho que desce de Jerusalém para Gaza, que está deserta. E levantou-se, e foi; e eis que um homem etíope, eunuco, mordomo-mor de Candace, rainha dos etíopes, o qual era superintendente de todos os seus tesouros, e tinha ido a Jerusalém para adoração, regressava e, assentado no seu carro, lia o profeta Isaías.

> E disse o Espírito a Filipe: Chega-te, e ajunta-te a esse carro.
> E, correndo Filipe, ouviu que lia o profeta Isaías, e disse: Entendes tu o que lês?
> E ele disse: Como poderei entender, se alguém não me ensinar? E rogou a Filipe que subisse e com ele se assentasse.
> E o lugar da Escritura que lia era este: Foi levado como a ovelha para o matadouro; e, como está mudo o cordeiro diante do que o tosquia, assim não abriu a sua boca.
> Na sua humilhação foi tirado o seu julgamento; E quem contará a sua geração? Porque a sua vida é tirada da terra.
> E, respondendo o eunuco a Filipe, disse: Rogo-te, de quem diz isto o profeta? De si mesmo, ou de algum outro?
> Então Filipe, abrindo a sua boca, e começando nesta Escritura, lhe anunciou Jesus.
> E, indo eles caminhando, chegaram ao pé de alguma água, e disse o eunuco: Eis aqui água; que impede que eu seja batizado?
> E disse Filipe: É lícito, se crês de todo o coração. E, respondendo ele, disse: Creio que Jesus Cristo é o Filho de Deus.
> E mandou parar o carro, e desceram ambos à água, tanto Filipe como o eunuco, e o batizou.

Há vários elementos interessantes aqui. O trecho descreve uma situação de leitura que

1. contém uma obscuridade;
2. envolve um leitor interessado e alguém que lhe elucida a passagem;
3. ocorre sob uma instigação divina;
4. resulta em uma profissão de fé.

Esse percurso pode ser visto como uma miniatura do funcionamento textual da Bíblia cristã – uma vez que a hebraica não estava interessada na conversão e na expressão do crer, mas na obediência às leis de Yaweh/Elohim. Mas ele também é significativo, porque promove a união do Antigo com o Novo Testamento.

Seria difícil exagerar a centralidade desse gesto interpretativo. Como é sabido, o cristianismo surgiu no seio do judaísmo; para a consolidação da nova crença era necessário estabelecer uma distância radical com os hebreus, sem contudo romper com o passado e com a tradição dos escritos sagrados. Do ponto de vista da doutrina, não faria sentido excluir o Tanach, dado o quanto as falas de Jesus e dos apóstolos referem-se a ele; por outro lado, e ao mesmo tempo, os ensinamentos de Cristo deveriam surgir como algo novo. A coordenação entre o Antigo e o Novo Testamento torna-se ainda mais urgente quando se tem em mente que até pelo menos o século XII a teologia não era pensada como um campo de reflexão abstrato, mas se dava acima de tudo por meio da exegese bíblica.

Talvez o exemplo mais admirável desse esforço de fazer coerente o texto bíblico tenha sido o sistema de hermenêutica medieval em quatro níveis[2]. A ascensão do cristianismo fez surgir uma questão candente: como unir textos tão díspares quanto o Antigo e o Novo Testamento em um quadro hermenêutico único? A ideia central dos medievais era a de que o Novo Testamento completaria o Antigo Testamento, que realizaria aquilo que, no Antigo, existiria como promessa. Eles desenvolveram então um aparato interpretativo baseado em quatro níveis, o **literal**, o **alegórico**, o **moral** e o **anagógico**. Para explicá-lo, os comentadores frequentemente citam dois versos famosos de Agostinho de Dácia, contidos em *Rotulus pugillaris*, um livro de aproximadamente 1260 E.C.:

> *Littera gesta docet, quid credas allegoria,*
> *Moralis quid agas, quo tendas anagogia.*
>
> A letra ensina o que aconteceu, a alegoria no que acreditar,
> A moral como agir, a anagogia para onde irás.

Assim, a passagem do Antigo Testamento a ser interpretada era concebida, em seu sentido literal, como algo historicamente

2 Na descrição da interpretação bíblica medieval em quatro níveis me basearei no monumental livro de Henri de Lubac (1998, 2000, 2009).

concreto. Isso é importante. O monoteísmo promoveu uma viravolta contundente em relação às religiões politeístas; para estas, as divindades estavam presentes na natureza e embora pudesse haver entidades abstratas como o Destino ou o Esquecimento, o Sol e a Lua, os rios, o mar, estrelas, a terra etc., de uma forma ou de outra, se faziam presentes. Em contrapartida, o Deus dos antigos hebreus não era imanente à natureza dessa maneira; esta era sem dúvida sua criação, mas ele a transcendia. Ao posicionar-se acima do mundo natural, Deus abria um espaço para o surgimento de uma *história*. Aquilo que os hebreus celebravam não eram os ciclos de morte e vida representados pelas estações do ano (morte no outono, vida na primavera), mas eventos por que passaram e nos quais Deus se manifestara, como a saída do Egito, por exemplo. Em suma, o monoteísmo rompe com a concepção circular do tempo, abrindo-o para a realidade histórica. O sentido literal, portanto, toma os eventos narrados na Bíblia na forma como são apresentados, como uma realidade em si. É claro, a concepção de história aqui era diferente da nossa; não interessava ao homem da Idade Média (assim como não interessava ao da Antiguidade) lidar com o passado como uma alteridade, como um objeto de curiosidade, mas como um repositório de narrativas que possuíam um caráter pedagógico, que ensinavam formas de conduta e de levar a vida. Ainda assim, os eventos pelos quais os israelitas passaram eram tidos como ocorridos *dentro* do tempo.

A passagem do sentido histórico para o alegórico é o cerne do processo de exegese. O termo alegoria não é completamente adequado. Ele foi tomado da fala de Paulo na Epístola aos Gálatas, 4,24; no entanto, há uma diferença fundamental em relação à leitura alegórica greco-romana, na medida em que a alegorização não pretendia anular a realidade das histórias do Antigo Testamento. Em outras palavras, não se alegorizava uma fabulação mítica, mas aquilo que era concebido como um fato. O Antigo Testamento era abordado como apontando para o Novo, encenando prematuramente aquilo que viria a acontecer depois, plenamente, na figura de Jesus. Tratava-se, portanto, de um processo de cristocentrismo, de colocar a figura de Cristo como a finalidade ou *telos* do que ocorreu antes. Uma vez que isso era aceito e tornava-se um pressuposto, os escritos do Antigo Testamento passavam a revestir-se de um espírito, adquiriam uma aura de mistério, pois *ao mesmo tempo* que narravam episódios os mais diversos, contam uma história transcendente, que cabia ao leitor desvendar. Era uma dinâmica que se autorreforçava: quanto mais se acreditava na presença de Jesus no Antigo Testamento, tanto mais se procuravam sinais de anunciação, e quanto mais sinais de anunciação eram encontrados, tanto mais se acreditava na presença de Jesus em cada palavra do Antigo Testamento.

O terceiro nível aponta para uma outra realidade, a da vida do fiel. A história que é vista como de fato tendo ocorrido e que, ao mesmo tempo, prenuncia a vida de Jesus, agora envolve aquele que lê ou ouve a interpretação, seja em um livro ou um sermão. A exegese bíblica originou-se na liturgia (e para muitos fiéis fora dela o sentido da Bíblia é enfraquecido, se não anulado); por isso, era natural que ela interpelasse aqueles que participavam da cerimônia. Porém o ponto importante aqui é que o texto bíblico é trazido para o presente: ele é vivido por todos os ouvintes ou leitores. Como bem expressou De Lubac:

> Isso equivale a dizer que há uma reencenação diária daquilo que ocorreu outrora no passado. A cada dia, nas profundezas de nosso ser, Israel sai do Egito, a cada dia é alimentado com o maná, a cada dia realiza a Lei, a cada dia combate, a cada dia as promessas realizadas carnalmente para o povo são cumpridas espiritualmente em nós (vol. II, p. 138).

O nível moral (também chamado de tropológico) articula-se assim por meio de uma ênfase no momento da enunciação, no agora do fiel e é por isso que "ensina como agir". Ele permite que o significado da narrativa bíblica, orientado para uma cristologia, refira-se à vida cotidiana do crente e às suas decisões; é como se ele passasse de espectador da narrativa a seu personagem.

O sentido anagógico, por fim, é aquele que engloba todos os outros, inserindo-os na história universal que vai desde a Criação até o Juízo Final. Ele aponta para o destino de todas as coisas e para a consumação do tempo. No plano alegórico, a vinda de Cristo dá uma razão de ser às narrativas do Antigo Testamento; no moral, ele transfere-se para a alma do fiel; no anagógico, ele aparece como aquele que unifica todas as instâncias anteriores, estando presente na história, no espírito do crente, e como finalidade última do cosmos. O anagógico é o nível propriamente místico; ele eleva e proporciona a contemplação de uma realidade futura, transcendente, do que esperar para depois da morte, depois do retorno do Messias e da Ressurreição. A primeira vinda de Cristo foi na terra; ela foi modesta e histórica e objetivou redimir os homens, o que a Igreja faz, por meio dos seus sacramentos – esse é o nível alegórico. O segundo advento, dando-se na alma do crente, é interior – é o nível moral. Já na terceira e última aparição, Cristo virá em toda a sua glória no final dos tempos para levar consigo os seus, os escolhidos, entre os quais o fiel agora se reconhece. Ou ainda: a alegoria constrói a fé; a moral, a caridade; a anagogia, as fundações da esperança.

A contundência da exegese anagógica vem do fato de que o mundo escatológico-místico vislumbrado não se encontra em uma esfera à parte, como no platonismo, mas, como acabamos de constatar, está intimamente relacionado à concretude do dia a dia. Por menores que sejam as ações, elas encontram-se inseridas na ordem transcendental das coisas.

Vejamos alguns exemplos. A passagem de Moisés e dos israelitas pelo Mar Vermelho é literal, porque é vista como de fato tendo ocorrido; lida alegoricamente, ela anuncia e encontra sua plena significação como o batismo pelo qual Jesus oferecerá uma nova vida; no âmbito moral, ela sinaliza a persistência do fiel no caminho ante as dificuldades para alcançar a Graça; no plano anagógico, aponta para a passagem da vida para a morte e para a existência celestial após a morte.

O templo de Jerusalém era também um dos objetos prediletos de interpretação. O sentido literal, é claro, refere-se à construção descrita no Antigo Testamento. O alegórico concebe o templo como o corpo de Jesus, como é dito em João 2,19-21:

> Respondeu-lhes Jesus: Derribai este santuário, e em três dias o levantarei. Disseram, pois, os judeus: Em quarenta e seis anos foi edificado este santuário, e tu o levantarás em três dias? Mas ele falava do santuário do seu corpo.

Da mesma maneira com que o templo era o local no qual os judeus faziam sacrifícios, o corpo de Jesus ofereceu-se em sacrifício por todos os homens. O sentido moral não é difícil de imaginar: ele remete ao corpo do cristão, agora tido como o templo de Deus, segundo 1 Coríntios 6,19:

> Ou não sabeis que o vosso corpo é santuário do Espírito Santo, que habita em vós, o qual possuís da parte de Deus, e que não sois de vós mesmos?

Assim como para os israelitas a divindade estava presente no templo, Deus está presente no corpo do cristão por meio do batismo. Finalmente, no nível anagógico, o templo assume um sentido escatológico como o santuário celeste, no qual Deus habitará junto com os homens, como dito no Apocalipse 21,21-22:

> As doze portas eram doze pérolas: cada uma das portas era de uma só pérola; e a praça da cidade era de ouro puro, transparente como vidro. Nela não vi santuário, porque o seu santuário é o Senhor Deus Todo-Poderoso, e o Cordeiro.

Um último exemplo: eis como a conhecida luta de Davi contra Golias é descrita por J. M. de Turre:

> Abordada historicamente, ela é entendida como a morte de Golias, com sua própria espada, pelo rapaz Davi. Alegoricamente, significa a vitória de Cristo sobre o diabo com a mesma cruz que havia preparado para ele. Tropologicamente, denota a Guerra dos justos contra o diabo ao tentar a carne; pois quando a carne é dominada e mantida sob controle, a cabeça [do diabo] é cortada, quando seus primeiros ataques são vencidos e não dão frutos. E anagogicamente, a vitória de Cristo no dia do julgamento está implícita, quando a morte, o inimigo último, é finalmente destruída (*apud* De Lubac, vol. II, p. 198).

Antes de concluir, três observações importantes: em primeiro lugar, é importante observar que a transição de um nível interpretativo a outro ocorria naturalmente. O sentido alegórico decorria da insuficiência da letra diante da chegada de Jesus; o moral, já estava implicado no próprio ato de ouvir ou ler; e o anagógico correspondia à inserção do fiel no horizonte escatológico das coisas. Cada nível, portanto, era como um círculo organicamente situado dentro de outro. Também vale observar que, diferentemente daquilo que nós modernos frequentemente pensamos, a hermenêutica medieval não era monolítica. O sistema de quatro níveis convivia com um de três e muitas vezes a ordem dos sentidos era alterada, o moral antecedendo o alegórico. Isso ocorria em obras diferentes do mesmo autor ou, mais raramente, no mesmo texto. Em que pese a obrigação de seguir a ortodoxia (que de maneira alguma tinha o sentido negativo que atribuímos à palavra hoje), o espaço para a experimentação exegética era bastante considerável. Por fim, é digno de nota que, apesar de complexo, o sistema de quatro níveis era bastante flexível e ágil. Ele não era concebido como teoria no sentido em que a compreendemos hoje, mas estava diretamente ligado à prática. Dependendo da situação e do público, qualquer um dos sentidos poderia ser enfatizado. A hierarquia de sentidos tinha como paralelo uma ordem dos ouvintes/leitores, indo do literal, para as mentes mais simples, até a anagogia, para os mais doutos.

Após vários séculos de uso, o sistema hermenêutico de quatro níveis viria a ser questionado: seu destino seguiu o da alegoria como figura interpretativa. A objeção principal levantada contra ela residia em seu caráter exterior, uma camada nova de sentido externamente sobreposta ao texto. Em oposição a ela muitos românticos viriam a favorecer a ideia de símbolo, cujo sentido suplementar seria inerente ao termo simbolizado: a flor possuiria as características que simboliza, como suavidade, leveza e beleza. No século XX, a suposição de que haveria aspectos imanentes às coisas tornou-se suspeita – as flores estariam ligadas à reprodução vegetal e consequentemente habitariam um universo incompatível com o mundo da cultura e dos adjetivos. Sob essa perspectiva, ao invés de unir orgânica e harmoniosamente um sentido literal e um metafórico, o símbolo exibiria uma projeção do sujeito interpretante. Qualquer interpretação, assim, poderia ser vista como alegórica, pois todas trariam algo de externo para o texto. Seja como for, o sistema medieval de quatro níveis da exegese bíblica mobiliza algo que viria a ser central para a crítica literária posterior: o fato de que as palavras são o que são e, *ao mesmo tempo*, sem deixar de sê-lo, são outras. Essa conexão entre ser uma coisa e simultaneamente ser diferente não pode ser provada de forma exaustiva por uma explicação que se queira científica. Algo da fé de que as Escrituras contêm um significado oculto a ser descoberto com muito trabalho, dedicação e imaginação – algo disso migrou, secularizado, para a relação com as grandes obras da literatura, que são grandes somente porque (ou enquanto) permitem a realização dessa crença.

2.3.
O século XVIII e o conceito de igualdade

O século XVIII é um período-chave para a constituição da crítica literária como a conhecemos hoje em dia, e consequentemente para a cristalização do conceito moderno de cultura. Foi a partir dele que se consolidou uma noção de **igualdade**, que viria a ser um dos pilares da civilização ocidental desde então, fosse como motor para o progresso social, fosse como ideologia e veículo de dominação. Historicamente, trata-se de uma fase de consolidação da burguesia como classe emergente em conflito com a ordem aristocrática do Antigo Regime, do estado absolutista[1]. A crítica literária foi importante na definição de sua identidade, na codificação de normas e na regulamentação das práticas por meio das quais ela conseguiu negociar alianças históricas, fosse, como no caso da Inglaterra, com seus

[1] Minhas principais fontes neste capítulo são *The Cambridge History of Literary Criticism*: volume 4, *The Eighteenth Century* (1997), editado por H. B. Nisbet e Claude Rawson e, de Terry Eagleton, *The Function of Criticism* (1984).

superiores na hierarquia social, ou, quando isso se tornou impossível, como na França, com setores populares e revolucionários. De uma forma ou de outra, o conceito de cultura nascente atuava então como um elemento unificador de uma classe que se tornava dominante, e o crítico era um agente fundamental nessa tarefa histórica. O espaço da crítica literária surgia como um campo a partir do qual a burguesia viu-se capaz de articular suas exigências humanísticas, em especial o princípio da universalidade da igualdade entre os homens, contra uma sociedade baseada na hierarquia, no privilégio inato de sangue da nobreza (sem, é claro, se questionar sobre o privilégio inato da herança). Um papel importante que lhe coube no período foi o de educar as camadas médias e de tornar acessível a literatura a um público mais extenso, ainda que proporcionalmente muito pequeno. Com isso, consolidava-se uma identidade de classe que, ao mesmo tempo, trazia consigo um conceito de cultura que hoje nos é mais familiar.

É por isso que vale a pena tentar acompanhar as transformações discutidas abaixo sob uma dupla lente, tanto como mudanças internas no campo da prática artística e julgamento da arte, quanto como momentos em uma luta mais ampla entre as classes sociais. Note-se bem: para ser válido, esse confronto não precisava ser consciente para seus participantes; pelo contrário, frequentemente ele era mais interessante (e até mais coerente) quando seus protagonistas tratavam de assuntos não imediatamente políticos, mesmo que a política possuísse um escopo mais amplo do que o modelo eleitoral ao qual estamos acostumados no presente.

O primeiro elemento a ser destacado aqui é o processo de formação de uma **esfera pública**. Anteriormente ao século XVIII, o espaço de circulação das letras no Ocidente eram majoritariamente a corte e recintos religiosos, como os mosteiros, igrejas e seminários. Quando a literatura deixa os ambientes restritos das bibliotecas dos nobres e do clero, todos os componentes da produção e recepção literários são afetados. Sem dúvida, há uma mistura de causa e efeito em jogo neste caso, pois se a esfera pública alterará a composição do público leitor (ou, para ser mais preciso, permitirá que a ideia de público leitor surja), por outro lado, as condições sociais para sua formação já estavam dadas com o aparecimento de uma camada média nos centros urbanos, e, em menor medida, em algumas zonas rurais.

A esfera pública nascente representava um espaço aparentemente livre para a troca de ideias, que não levava em consideração a origem social dos participantes no debate, mas tão somente o conteúdo daquilo que enunciavam. Isso pode nos parecer, hoje, algo banal e corriqueiro; no entanto, representou uma verdadeira conquista. Para se ter uma ideia do horizonte cultural da época, é necessário lembrar a natureza hierárquica que permeara a sociedade até então e que se manifestava nos âmbitos mais diversos da vida, desde a língua – cheia de termos de formalidade e diferenças de léxico segundo os extratos sociais –, passando pelas roupas e pelos locais que as pessoas podiam frequentar etc. Pense, por exemplo, nas leis sumptuárias, que vigoraram até boa parte do século XVII e que tentavam regular estritamente os trajes daqueles que não eram nobres, proibindo, por exemplo, o dourado nas vestimentas de todos aqueles que não pertencessem à aristocracia. Ou então imagine a divisão entre os gêneros literários, que espelhavam as classes sociais, a tragédia representando a nobreza, em um estilo elevado; a comédia, os servos ou escravos, em uma linguagem baixa. (Ao tentar conciliar diversas classes em uma única obra, Shakespeare compôs peças de uma notável economia de contrastes – mas só foi capaz de fazer isso devido à natureza ambígua do teatro, um gênero popular ligado ao comércio na Inglaterra da virada do século XVI para o século XVII, muito distante da literatura elevada e mais "pura" da épica, ou mesmo da poesia lírica, da corte.)

As desigualdades perpassavam todas as facetas da vida, incluindo os registros de fala, a alimentação, a participação na política (na Inglaterra, o sufrágio universal só veio no século XX) etc. Os reflexos disso na literatura são claros. Quando o escritor faz parte da corte, ou quando não está diretamente ligado a ela, mas é sustentado por um nobre, sua liberdade de contradizer a visão de mundo do mecenas será, evidentemente, bastante restrita. A substituição do patrono pelo mercado trará consequências contraditórias, uma vez que a tirania ou o capricho do primeiro terá como sucessor a tendência para agradar a um público cada vez mais anônimo. No entanto, havia uma prática intermediária, que perpassa o século XVIII e se estende até o século XX: recolher assinantes que se comprometessem a comprar um livro, ou mesmo que pagassem por ele antes de ser publicado. Neste caso, autor e livreiro em certa medida confundiam-se. Seja como for, percebe-se assim que a emergência da esfera pública está intimamente ligada à formação de um mercado para bens da cultura.

O surgimento da esfera pública afetará substancialmente aquilo que se concebe como sendo um artefato literário. Se anteriormente determinados textos, notadamente os religiosos e da tradição clássica greco-latina, possuíam uma autoridade inquestionável, advinda do fato de simplesmente existirem como tal, durante o decorrer do século XVIII forma-se o imperativo de que qualquer julgamento de valor deva estar calcado em alguma justificativa que o comprove e o valide: o mérito ou fracasso têm de ser mostrados por meio de argumentos racionalmente concebidos e expostos. É interessante perceber que a ênfase no uso da razão e a emergência do espaço público implicam-se mutuamente. Justamente porque todos são dotados de faculdades racionais, qualquer um poderia, a princípio, participar do debate público a respeito de qualquer questão. Neste contexto, o crítico assume o papel de administrador ou regulador das normas de veiculação do discurso, evitando que ele seja autoritário ou anárquico.

Se a circulação da literatura acontecia antes em ambientes restritos e espaços delimitados, na esfera pública ela ocorre em um ambiente que agora se quer neutro e acessível a todos. A condição necessária para participar da discussão era tão somente saber respeitar as regras de comportamento e boa conduta das pessoas educadas, da conversação polida. Vem daí uma astúcia ideológica da razão iluminista: se defendia a abertura para o debate franco de ideias guiadas apenas por princípios racionais, ela também estabelecia uma divisão entre aqueles que têm voz e os outros, mudos e invisíveis, os trabalhadores braçais, mulheres e escravos no mundo colonial. O conhecimento das regras norteadoras do debate crítico já continha em si um elemento de classe, uma vez que pressupunha um contato prévio com as letras: um camponês analfabeto era incapaz de participar das discussões críticas, por causa de sua suposta rudeza e falta de discernimento. Na Inglaterra, em uma população de cinco milhões e meio de habitantes, o público leitor era da ordem de algumas dezenas de milhares de pessoas.

Esse aspecto ideológico da inclusão – todos podem participar, contanto que sigam as regras do debate culto, incorporadas por poucos – foi duramente atacado nas últimas décadas. Vários críticos identificaram nele as sementes de um problema da razão iluminista como um todo, que estaria fadada, a partir de seu próprio funcionamento, a produzir exclusão e discriminação em sua busca de clareza e limpidez. O problema aqui é que acusar a razão iluminista como um todo quase que imediatamente coloca o crítico na posição de ter de apelar para algum outro tipo de razão, ou mesmo de fé. Além disso, o ataque à razão iluminista, como se ela fosse algo de uno, ignora o fato de ela ser capaz de criticar a si própria, e que seu aspecto historicamente excludente pode ser ele mesmo incluído no debate racional.

Dentre os veículos de circulação, da literatura e da crítica, as revistas e jornais desempenharam um papel fundamental em sua transformação, por toda a Europa. Até o começo do século XVIII, havia duas formas predominantes de periódicos, o jornal e a revista erudita, que vieram a se fundir no jornal de resenhas, que tentava unir a acessibilidade do jornal popular ao rigor da revista erudita. Ocorria aqui uma relação de duplo reforço, pois essas publicações incentivaram a formação de um público leitor. No entanto, não poderiam ter surgido se já houvesse sido formada uma camada média urbana e uma burguesia comercial e fabril. Os periódicos introduziram novos espaços de discussão crítica; multiplicaram e diversificaram as oportunidades de expressão; incentivaram novos valores, chamaram a atenção para novos gêneros literários e sistematizaram o tratamento daqueles já estabelecidos. Ao aceitarem colaborações dos leitores, bem como comentários aos textos publicados, as revistas encorajavam a consolidação da esfera pública, ao mesmo tempo em que eram alimentadas por ela, pois uma das funções principais era informar o público a respeito dos últimos lançamentos editoriais. Por seu próprio formato e maneira de circulação, a revista era obrigada a ter como foco o público. Entrava em cena, com isso, um importante personagem na história da crítica literária, o "leitor comum" ou "leitor médio", uma abstração que viria a ter um papel ambíguo no futuro, representando ora uma justificativa para se libertar de restrições livrescas ou convenções ossificadas, ora um argumento para frear a experimentação. No século XVIII, ele foi fundamental para um afrouxamento das regras neoclássicas, como veremos adiante.

O crescimento dos periódicos foi notável: na França, 36 títulos foram publicados em 1700, setenta em 1730, 114 em 1750, 173 em 1770, e entre 250 e trezentas novas publicações por ano a partir de 1789; na Alemanha, essa progressão foi de uma revista em 1682, para 54 em 1720, e entre 1760 e 1800 contabilizavam-se mais 740 novos títulos. Por fim, na Inglaterra, os números vão de 25 em 1700, noventa em 1750 e 264 em 1800. (O efeito do colonialismo pode ser sentido quando nos recordamos de que no Brasil da época estavam proibidas quaisquer publicações, qualquer atividade de imprensa.) Uma revista famosa como a *Tatler*, de Richard Steele, e a *Spectator*, de Joseph Addison, imprimiam entre 3.000 e 4.000 cópias por número, alcançando um público leitor de aproximadamente 10.000 pessoas. O número é irrisório, quando se considera que, em 1750, a capital inglesa contava com 700.000 habitantes, mas foi o suficiente para interferir na dinâmica dos gêneros literários. Os jornais e as revistas não eram lidos apenas nas casas das pessoas, mas também em clubes, associações e bares e restaurantes. Estima-se que em 1710 havia cerca de 2.000 cafés em Londres.

Os periódicos foram um veículo importante para a consolidação do romance e para uma revalorização da lírica curta, em detrimento dos longos poemas descritivos. Eles também foram significativos para enfraquecer o sistema de mecenato e para profissionalizar a escrita, chegando mesmo a afetar a imagem do crítico. Até meados do século, ela residia na figura do *gentleman*, uma pessoa de educação geral e ampla, de uma cultura abrangente, capaz de discorrer com facilidade sobre os mais diversos assuntos. Com o tempo, porém, ele foi sendo substituído pelo crítico-especialista, alguém com um campo de atuação sem dúvida mais limitado, mas imbuído de um conhecimento mais sólido, porque acumulado e específico. As revistas também participaram, portanto, do processo de profissionalização da crítica.

O século XVIII possui muitos outros conceitos fundamentais, além do da esfera pública. A estética, por exemplo, como a imaginamos hoje, começou nesse período. Em seu cerne está uma noção de **gosto** à qual vale a pena prestar atenção. Em um trecho bem conhecido, Addison definiu-o em 1712 como "aquela faculdade da alma que discerne as belezas de um autor com prazer, e as imperfeições, com desgosto". Nessa época, ele será objeto de uma pletora de interrogações e, de fato, a melhor maneira de abordá-lo é por meio das questões que gerou: o gosto é natural ou adquirido, ou uma mistura das duas coisas? Qual a sua relação com o gênio? Trata-se de uma faculdade autônoma, ou vinculada a outras? Como pode ser hierarquizada em relação à razão e à imaginação? Em especial, como se liga à natureza moral do homem, ou, em outras palavras, como estariam associados o Belo e o Bom? Como o gosto se relaciona às regras de composição artística? Como é possível explicar divergências, às vezes tão drásticas, em seu âmbito, tanto do ponto de vista histórico, geográfico e pessoal?

Obviamente, é impossível abordar todas essas questões aqui; um bom ponto inicial, no entanto, é observar que o conceito funciona como uma espécie de ponte entre características objetivas da obra literária e a ação do sujeito no processo de descobri-las. A precariedade da ideia de gosto aponta para uma fragilidade dessa mediação. Isso fica patente em uma ambiguidade constitutiva e inescapável, pois o gosto designa tanto uma capacidade pessoal para perceber e discriminar qualidades estéticas, quanto uma preferência individual por determinado tipo de artefato. Essa indecisão entre, por um lado, um aspecto natural e presente em todos os seres humanos, que pode ser cultivado e aprimorado, e, por outro, um dado idiossincrático ("gosto não se discute"), explica por que os usos do conceito poderiam ser tão diferentes. Como faculdade universal, ele é uma força que se antepõe ao privilégio e à hierarquia; como expressão de uma peculiaridade do sujeito, ele pode assumir um caráter normativo. "Mau gosto" é uma expressão que estigmatiza aqueles que não tiveram acesso à educação, ou que simplesmente defendem ideias desconfortáveis ou desaconselháveis – geralmente ele está associado às classes inferiores. Assim como a esfera pública, o gosto contém em si tanto um elemento libertador quanto uma latência dominadora. Porém atualmente, adentrado o século XXI, ele aparece como algo interessante justamente porque desapareceu completamente do horizonte da crítica séria e que se quer rigorosa. Sua ausência é como um juízo sobre o nosso presente.

Para nos aproximarmos mais de questões literárias, vale a pena discutir um pouco a famosa **Querela dos antigos e dos modernos**, um dos capítulos mais interessantes da história da crítica literária no século XVIII. Ela foi uma disputa que se estendeu da segunda metade do século XVII até as primeiras décadas do século XVIII e que consistiu em um embate crítico para determinar qual literatura seria superior, a da época ou a da Antiguidade greco-romana. Os estudiosos mais recentes identificam três fases dessa disputa, que viria a ter importantes consequências para a formação do discurso crítico como o conhecemos hoje. A primeira iniciou-se com a publicação de *Le Siècle de Louis le Grand* (1687), de Charles Perrault, e *Digression sur les anciens et les modernes* (1688), de Bernard le Bovier de Fontenelle, ambos a favor dos modernos, com respostas de La Fontaine em seu *Epître à Huet* (1687), e de La Bruyère, em *Caractères* (1688). Um segundo capítulo da contenda ocorreu na Inglaterra com a chamada *Battle of Books*, protagonizada por Sir William Temple, que escreveu uma resposta a Fontenelle, *An Essay upon the Ancient and Modern Learning* (1690), que por sua vez foi criticada por William Wotton, em *Reflections upon Ancient and Modern Learning* (1694). A Batalha dos Livros alimentou a produção literária dos melhores escritores ingleses do século XVIII, como Jonathan Swift e Alexander Pope. Finalmente, o confronto ressurgiu em torno de duas traduções de Homero, a de Anne Dacier (1711), para quem o autor representava a perfeição da poesia, e a de Houdart de La Motte (1714), que interfere no texto, "corrigindo" e reescrevendo passagens inteiras.

O principal foco do debate era a questão da imitação: as obras de Homero e Virgílio deveriam servir de modelo para a composição, ou poderiam ser simplesmente vistas pelos escritores como exemplos de uma literatura diferente, porém não superior à sua? Sem dúvida, para nós, pós-modernos, essas alternativas parecem fazer muito pouco sentido. Quem seria hoje capaz de aventar a ideia de cópia em uma era na qual a imaginação e a criação *ex nihilo* são valores supremos? Diante disso, vale a pena lembrar, primeiramente, que os antigos eram muito mais praticantes da literatura do que teóricos literários, que seus argumentos eram bastante influenciados por suas próprias experiências criativas. Mais importante, porém, é observar que, politicamente, os modernos franceses estavam muito mais próximos do poder centralizado do monarca do que os humanistas tradicionalistas, de formação mais ampla e mais independentes em relação aos governantes. Isso nos mostra que nosso desprezo pelo passado e a facilidade com a qual nos entusiasmamos pelo presente, o reconhecimento quase imediato de sua supremacia em relação àquilo que veio antes, pode ser a marca de uma cegueira em relação ao contemporâneo, um sintoma de conformismo e incapacidade de exercer a crítica.

Um dos eixos centrais da Querela foi a questão das regras a seguir na composição de obras. É importante aqui evitar as generalizações e os preconceitos tão facilmente adquiridos pela nossa forma pós-romântica de pensar, que tende imediatamente a associar regras à repressão e a imaginação a algo indissociável de uma liberdade absoluta. É certo que nos séculos XVI e XVII havia uma série de prescrições a aplicar ao estilo da escrita, ligadas aos gêneros literários. Uma peça teatral devia ser composta em cinco atos; apenas três personagens podiam estar em cena a cada momento; as unidades aristotélicas de tempo, espaço e ação tinham de ser respeitadas; não se podiam misturar registros linguísticos; a tragédia deveria ter um estilo elevado e a comédia, um baixo; a versificação era rígida; o número de gêneros limitados etc. Por outro lado, uma vez dado o conjunto de regras, o escritor era capaz de promover variações e pequenos desvios, que eram facilmente percebidos, justamente porque as leis dos gêneros eram do conhecimento de todos os letrados. Se as regras eram limitadoras, essa limitação tinha um caráter que poderia ser produtivo. (Algo de semelhante acontece hoje em dia com a indústria cultural. O cinema *mainstream* e a música popular funcionam a partir de fórmulas inescapáveis. De vez em quando, aparece algum diretor ou compositor que resolve jogar ironicamente com os limites do gênero, sem sair dele. A diferença aqui é que os séculos XVI e XVII não conheceram a liberdade criativa consolidada no século XIX.) A existência de regras também tinha implicações históricas, pois elas facilitavam a compreensão (e a prática) da transmissão artística. A tarefa dos jovens escritores era apreender as regras subjacentes aos diversos gêneros de representação. Consequentemente, a história da literatura era a de diferentes autores procurando diferentes meios para realizar os fins estabelecidos pelos diversos gêneros desde os seus primórdios.

Se a arte deveria obedecer a preceitos dados *a priori*, isso se justificava em grande medida devido ao fato de que ela era vista como parte da natureza, assim como as próprias regras. Porém havia diferentes formas de conceber isso. Se La Fontaine, por exemplo, subordinava a imitação à razão e à natureza, Boileau enfatizava que as regras, decalcáveis das obras-primas, deveriam ser utilizadas como guias, mais do que um plano, para novas composições e para o juízo sensato. Se para Pascal as regras podiam ser estabelecidas *a priori*, para Pope e Du Bos, elas viriam *a posteriori*. O papel da crítica não seria o de verificar a sua existência ou não na obra, mas, a partir dela, recuperar as regras que estariam sendo seguidas. O crítico seria capaz apenas de delineá-las a partir dos efeitos por ele sentidos. Essa natureza probabilística da crítica a impediria de determinar, de um estalo, quais as obras de real valor, e o mérito só seria visível, portanto, a partir do passar do tempo, do acúmulo de juízos positivos emitidos a respeito de determinado texto.

O calcanhar de Aquiles da relação entre arte e natureza estava em certo literalismo. Segundo a visão dos antigos, o poema épico deveria ser capaz de *ensinar concretamente* história, geografia, astronomia, ciência natural, lógica, ética, retórica, agricultura, arquitetura, pintura, escultura e música. Os antigos defendiam os poetas greco-romanos porque identificavam em suas grandes obras um saber útil universal, que nos falaria diretamente e que, justamente por isso, poderia ser erigido como modelo de imitação. No entanto, quanto mais se progredia na pesquisa, no trabalho de explicação de Homero e Virgílio, tanto mais eles se tornavam estranhos. A filologia, uma ciência *dentro* das artes, teve um papel importante nisso, na medida em que trouxe para o estudo dos clássicos um rigor ausente no diletante. Por volta de 1700, já era praticamente um ponto pacífico que os modernos possuíam uma superioridade na ciência, enquanto os antigos teriam a primazia nas artes. Tratava-se, assim, da consolidação de uma divisão do saber que viria a opor a poesia e a eloquência, de um lado, contra as ciências de outro. É interessante notar que só no século XIX as palavras "arte" e "ciência" adquirem o seu sentido antagônico atual. Até então, "ciência" designava uma compreensão teórica e "arte" uma atividade prática, um fazer realizado segundo regras. A Querela representou assim uma ocasião particularmente propícia para verificar a divisão entre o estético e o científico que daí por diante só viria a acirrar-se. Isso teve implicações diretas para o conceito de literatura, que passa a ficar restringido. Até então, as *belles-lettres* incluíam toda espécie de escrita elegante, tivesse ela ou não uma função prática. Só no final do século XVIII ela passará a designar a escrita ficcional em suas diversas formas.

Há ainda outros fenômenos que se tornam visíveis através da Querela. Um deles se refere à noção de tempo. A disputa entre os antigos e os modernos testemunhou o surgimento de um conflito na concepção da temporalidade, pois se para as ciências o tempo era progressivo e voltado para o futuro, tornando obsoleta amanhã a descoberta feita hoje, para certos literatos era justamente o passar do tempo, o teste dos séculos, que faria a obra de arte receber a sua verdadeira identidade e tornar-se realmente válida. Criava-se então um problema para a história das artes, que deveria conciliar o avanço em direção ao amanhã com a confirmação oriunda do muito atrás. Com o tempo, foi se consolidando uma ideia de um relativismo histórico que, já por volta de 1720, defendia o ideal de adequação do crítico à era que estudasse. Foi com o desenvolvimento disso que surgiu a ideia de *períodos* artísticos diferentes. Não é de espantar, portanto, que a Querela tenha trazido consequências também no campo da história. Para os antigos, ela era ramo de uma arte geral da eloquência, estando assim diretamente relacionada à retórica. Tratava-se de uma concepção de história muito mais narrativa e, ainda que não fosse ficcional, não estava rigorosamente submetida a um ideal de factualidade. Aquilo que se contava encontrava-se calcado na tradição, que por si o validava. Foi com os modernos que surgiu a importância do fato; com eles, a escrita historiográfica começou a incluir um aspecto técnico que a separava do tronco comum da retórica. Com seus aparatos textuais, as notas de rodapé, os glossários, as citações, os apêndices, os novos historiadores preocupavam-se com a verificabilidade de seus relatos, que paulatinamente deixavam de se assemelhar a enredos eloquentes para se apresentar como reconstituições de ocorrências passadas. A persuasão argumentativa dava lugar à confirmação pelos fatos. Não mais um guia moral, a escrita da história esforçava-se cada vez mais para ter como base a pesquisa científica. Tomava forma, assim, um conflito entre engenho ou espírito, inventividade na composição (por meio de figuras retóricas, da bela escrita) ou erudição, dependente do acúmulo e da organização de eventos históricos.

Outro campo relevante aqui é diametralmente oposto: a concepção da imaginação. Na Renascença, ela possuía as funções intelectivas mais gerais, incluindo aí o juízo; no século XVIII, seguindo em paralelo à social divisão dos campos do saber, ela passa a limitar-se àquilo que não existe de maneira tangível, opondo-se assim à faculdade racional por excelência, o entendimento. Para concluir, então, a Querela surgiu de uma divisão daquilo que anteriormente parecia coincidir: o princípio racional e a prática antiga. Quando, por causa do progresso científico, do nacionalismo cultural e das pretensões de uma nova filosofia, eles não mais pareciam andar de mãos dadas, os modernos optaram pelo princípio racional, enquanto os seguidores dos antigos preferiram tomar o partido daquilo que havia resistido ao teste do tempo, o gosto universal confirmado havia gerações.

Vale a pena agora observar como todas essas questões articulam-se em uma obra da época. *Um ensaio sobre a crítica* [*An Essay on Criticism*] foi escrito por Alexander Pope (1688-1744) e publicado em 1711. Para um leitor de hoje, o que primeiro chama a atenção é o fato de tratar-se de um texto de crítica literária escrito em versos, algo que não era fora do comum e que deixa clara a ideia de que fazer literatura implica o conhecimento de uma técnica a ser dominada pelo escritor, seja ele crítico ou poeta. Isso testemunha um momento ainda incipiente do processo de diferenciação entre arte e ciência mencionado anteriormente, no qual ainda é possível confundir as duas instâncias. Isso não impede no entanto que se distingam faculdades interiores à mente:

Thus in the soul while memory prevails,	Assim, enquanto a memória prevalece na alma,
The solid power of understanding fails;	Falha o sólido poder do entendimento;
Where beams of warm imagination play,	Lá onde brincam os raios da tépida imaginação,
The memory's soft figures melt away.	Derretem as suaves figuras da memória.
One science only will one genius fit,	Ao gênio de cada um adequa-se apenas uma ciência [*i.e.*, ramo do conhecimento].
So vast is art, so narrow human wit (v. 56-61).	Tão vasta é a arte, tão estreito o engenho humano.

Em um trecho curto como este já é possível perceber bastante do espírito do século XVIII. Primeiramente vale notar a simplicidade da linguagem utilizada, tanto do ponto de vista lexical, quanto da sintaxe, que tende a seguir paralela ao limite dos versos. Isso já aponta para uma ideia de comunicabilidade inerente à esfera pública. Em seguida, pode-se perceber que o gênio não obteve ainda o caráter de excepcionalidade que viria a adquirir nas décadas posteriores, para culminar na quase divindade romântica. O escritor representado é inferior à arte como um todo e vê-se obrigado a trabalhar dentro de limites claros impostos pela natureza, cujas regras devem ser seguidas:

First follow Nature, and your judgment frame	Primeiramente siga a Natureza, e modele seu julgamento
By her just standard, which is still the same;	Por sua medida, que permanece a mesma;
Unerring Nature, still divinely bright,	Infalível Natureza, ainda divinamente brilhante,
One clear, unchanged, and universal light,	Uma clara luz, imutável e universal,
Life, force, and beauty must to all impart,	Deve conferir a todos vida, força e beleza,
At once the source, and end, and test of art (v. 68-73).	Ao mesmo tempo a fonte e fim, e exame da arte.

Como se vê, a natureza é representada como algo inalterável, que pode funcionar satisfatoriamente como parâmetro tanto para a criação literária quanto para sua avaliação por meio da crítica. Isso mostra bem a posição de Pope em relação à Querela dos antigos e dos modernos:

But though the ancients thus their rules invade	Mas embora os antigos infrinjam suas regras
(As kings dispense with laws themselves have made)	(Como reis dispensam as leis que eles mesmos criaram)

Moderns, beware! or if you must offend	Modernos, cuidado! ou se precisam violar
Against the precept, ne'er transgress its end;	Um preceito, nunca transgridam seu fim;
Let it be seldom, and compelled by need;	Que isso seja raro, e impelido pela necessidade;
And have at least their precedent to plead (v. 161-166).	E que tenha ao menos seu precedente [*i.e.*, dos antigos] em sua defesa.

Para concluir, algumas observações sobre a concepção de linguagem de Pope. Como a língua é vista como pertencendo à natureza, ela não possui a capacidade de criar um universo a partir de si mesma; o que faz é melhor organizar o mundo natural:

> *True wit is Nature to advantage dressed/What oft was thought, but ne'er so well expressed* (v. 297-298).
>
> [O verdadeiro engenho é a natureza em roupas aprimoradas/Aquilo que frequentemente foi pensado, mas nunca tão bem expresso.]

Sem dúvida, a obra de arte é algo articulado, no qual o todo influencia as partes, mas não é possível ainda dizer que ela se situe como algo à parte:

> *In wit, as nature, what affects our hearts/Is not the exactness of peculiar parts;/ 'Tis not a lip, or eye, we beauty call,/But the joint force and full result of all.*
>
> [No engenho, como na natureza, o que afeta nossos corações/Não é a exatidão de partes distintas;/Não é um lábio ou olho, que chamamos de belo,/Mas a força conjunta e o resultado de tudo [*i.e.*, todos os elementos.]

O romantismo apresentará uma configuração bem diversa disso, e é para ele que devemos nos voltar agora.

2.4.

O século XIX e a ideia de obra

Uma das maneiras mais didáticas de abordar a mudança de concepção da crítica literária do século XVIII para o século XIX é através da substituição de uma imagem explicativa: da metáfora do espelho para a da lâmpada (a óleo, é claro!)[1].

Para os críticos neoclássicos mais extremos, as regras da arte eram validadas por uma estrutura objetiva de normas cuja existência, em última instância, assegurava a ordem racional e a harmonia do mundo. O texto literário encontrava-se assim situado em um universo mais amplo, o que justificava a imitação de exemplos anteriores, bem como a adequação a padrões morais estabelecidos e aos bons costumes. Isso fazia com que o poema pudesse ser utilizado sem grandes problemas na vida pública em geral, fosse como parte da educação – não mais apenas na corte, mas potencialmente para todos os cidadãos –

[1] Sigo aqui M. H. Abrams, *The Mirror and the Lamp* (1953).

fosse em celebrações, discursos etc. A literatura ainda mantinha vínculos, ainda que cada vez mais tênues, com a retórica, a arte de falar para um público específico ou de escrever para ele. Também se assegurava com isso uma base mais ou menos sólida para o julgamento crítico e a construção do consenso do gosto – como já observamos, com forte caráter de classe. No final do século XVIII, no entanto, outra postura vai surgindo, que tende a ver a obra menos como um espelho que refletisse algo que lhe fosse exterior e mais como uma chama que iluminasse a realidade; a literatura viria a ser cada vez mais concebida como o resultado de uma subjetividade privilegiada, a do autor concebido como gênio. Para dizer de forma concisa, observa-se uma mudança na concepção das artes de **imitação** para **expressão**.

Que o romantismo valorize o eu do escritor, que dê nova ênfase aos sentimentos e à interioridade, é algo que todos nós sabemos. Essa primazia do sujeito sobre tudo e todos vigora imperiosamente na indústria cultural dos dias de hoje. Todos esses filmes aos quais estamos acostumados, nos quais se apela para a interioridade da pessoa como fonte de redenção, geralmente por meio do amor, que rompe todas as barreiras e promove a união perfeita de duas almas – todos esses filmes encontram sua origem histórica no romantismo, que reciclam e absurdamente simplificam. Porém, o que é mais interessante aqui é notar o outro lado desse fenômeno: a ênfase no indivíduo criador é tanto causa quanto efeito de uma **ruptura do elo aparente entre o texto e o mundo** que permitirá o surgimento de uma ideia de **obra** como totalidade contida em si, cada vez mais regida por princípios que lhe são interiores, que ela impõe a si mesma e que consequentemente não podem mais ser ditados de fora. Isso é algo que será exacerbado com o modernismo a partir de uma autoconsciência crescente em relação às técnicas representacionais e que atingirá o paroxismo no pós-modernismo de nossas últimas décadas, quando a realidade e a obra serão abolidas pela ideia (bastante questionável) de texto como um jogo sem fim de elementos internos, totalmente imanentes a si mesmos.

Essa cisão entre o artefato literário e o mundo pode ser encarada tanto em suas precondições sociais, quanto nas peculiaridades estéticas que envolve. Em relação às primeiras, e de um ponto de vista mais externo, é importante ter em mente que o século XIX foi marcado pela consolidação de uma **mentalidade cientificista**, que trazia a concepção mecânica do universo do século XVIII para a realidade cotidiana da manufatura, da industrialização que se alastrava rápida e principalmente pela Inglaterra e França. Formava-se, assim, toda uma visão de mundo (perceptível até hoje, certamente) baseada na onipotência da quantificação, na insistência de só reconhecer aquilo que pudesse ser medido, incluindo o humano. Era como se só tivesse direito à existência aquilo que pudesse ser descrito por leis constantes e acessíveis ao intelecto. E era apenas uma consequência lógica disso deparar-se com as coisas – de novo, incluindo as pessoas – como meros meios para um fim determinado. Esta descrição pode estar, sem dúvida, um pouco caricata, mas funciona como uma imagem que permite identificar aquilo contra o qual o romantismo, em seus traços mais amplos, irá revoltar-se.

De uma perspectiva mais próxima, é interessante observar o quanto a **Revolução Francesa** (1789) foi uma influência significativa para a constituição do romantismo. Ela atuou como um verdadeiro divisor de águas, que parecia apontar para o advento de uma nova realidade, de uma sociedade sem distinções hierárquicas, fundada sobre um princípio formal de igualdade desconhecido até então. Era muito fácil encará-la como uma decorrência da filosofia do Iluminismo do século XVIII, o que transmitia a impressão de que movimentos intelectuais poderiam gerar eventos históricos grandiosos, capazes de mudar radicalmente sociedades inteiras. Sem dúvida, tratava-se de uma percepção equivocada, mas que funcionava como um grande encorajamento para a nova literatura. Por outro lado, a Revolução Francesa trouxe concretamente à tona um novo personagem histórico, o povo, que também se tornou um novo personagem literário. Nos romances, havia uma facilidade cada vez maior para a representação de pessoas comuns e situações ordinárias, sem o registro cômico tradicionalmente associado a elas. Essa democratização do conteúdo, daquilo que era descrito, foi acompanhada pela democratização da própria língua literária, que se tornava mais simples, acessível e potencialmente de maior circulação – mesmo que muitos críticos e escritores atacassem duramente o surgimento da imprensa de massa e que houvesse uma contradição com a autoimagem do poeta como indivíduo isolado artística e socialmente.

Uma das descobertas mais importantes dos românticos foi a da **história**, tanto em seu sentido geral como disciplina, quanto no campo dos estudos literários, como uma abordagem e concepção da escrita imaginativa. Sem dúvida, em sua concepção mais abrangente, como uma preocupação com o passado, a história existe desde pelo menos o grego Heródoto (c. 484-425 a.E.C.). No entanto, o que a Antiguidade entendia por esse termo era algo bastante diferente da compreensão do século XIX. Para os antigos, o tempo não era verdadeiramente um agente que trazia a mudança em si. O passado era estudado para se extraírem dele *exemplos* que pudessem iluminar o presente e que se repetiriam no futuro. Havia assim o sentido de um retorno, ou ao menos de um paralelismo, entre o agora e o antes. A ideia da história como uma progressão infinita começa a surgir no século XVIII, mas é só no século XIX que se consolida uma concepção de *desenvolvimento* que permite ver o tempo como *interno*, como permeando os objetos, e não mais como exterior aos fenômenos.

Em relação ao campo das letras, a história literária inaugurada pelo romantismo preocupava-se com as origens, enfatizava um desenvolvimento contínuo e orgânico de seu objeto (à exceção de catástrofes vindas de fora) e estruturava-se por uma teleologia implícita, uma finalidade progressiva à qual tendiam os fenômenos sob investigação. Ela priorizava o primitivo, em oposição à artificialidade clássica, o medieval (no Brasil, o período pré-colombiano ou do começo da colonização) e o espírito do povo, concebido como motor da história. Como resultado de tudo isso, vislumbravam-se os contornos da nação. Com frequência, as explicações causais eram bastante lineares e um traço de determinado país – na realidade uma abstração altamente questionável – podia ser usado para elucidar alguma peculiaridade estilística de um autor. Note-se que tal conjunção de fatores chocava-se frontalmente contra o impulso universalista e cosmopolita do Iluminismo do século XVIII, principalmente na França; ela também difere agudamente das preocupações do presente, que com frequência tenta articular às causas de variados níveis temporais a presença do acaso, do fortuito e do aleatório. Observe-se também, por fim, que por mais que o historicismo fosse típico do século XIX, ele gerava uma tensão interna ao romantismo. Como adequar a história à noção de gênio? Como articular diferentes tipos de beleza ou conceber o belo como algo mutável, sem com isso cair no relativismo? E como conciliar ideias de progresso e organicidade com uma realidade crescentemente instrumental e utilitária? Estas foram apenas algumas das contradições com as quais os românticos se depararam e com as quais tiveram de acertar contas.

Com efeito, todas essas transformações trouxeram implicações para a (auto)representação do escritor. O desenvolvimento da prática composicional já nas últimas décadas do século XVIII levará a uma transformação na qual o artista deixará de se assemelhar a um artesão para aparecer como um criador, no limite assemelhando-se a um deus, que faz nascer um mundo próprio a partir do nada. É com isso que surge o conceito de estilo como a marca indelevelmente pessoal, aquele tipo de escolha e ordenamento das palavras que funciona como a assinatura do escritor, sem que ele precise escrever seu nome. Por outro lado, a separação diante da sociedade dará ensejo à imagem do poeta como um excluído, um maldito, e a literatura poderá servir de crítica social de uma maneira muito mais contundente que antes. O mesmo acontecerá em relação à propriedade moral, pois o sentimento do autor, por ser autêntico, não pode submeter-se a nenhum padrão preestabelecido de comportamento.

A **concepção de natureza** também passará por uma profunda transformação. Já desde o Renascimento ela vinha perdendo seu caráter ameaçador e misterioso, convertendo-se cada vez mais em um *objeto* a ser conhecido e explorado. O ápice ocorre quando a natureza se transforma em um puro repositório de recursos orgânicos e inorgânicos – uma visão utilitarista que se estende do século XIX aos dias de hoje. O romantismo revolta-se contra isso. Para ele, longe de ser algo inerte, a natureza se constitui como um espaço privilegiado (talvez *o* espaço privilegiado) para a imaginação. Ela passa a ser o âmbito no qual o sujeito emancipado em relação às restrições sociais e religiosas pode vivenciar a profundidade sem fim do seu eu. Paradoxalmente, porém, isso só pode acontecer na medida em que o mundo natural apresenta-se como uma alteridade para o indivíduo, algo que inevitavelmente lhe escapa, mas que também o abarca. A natureza era assim a esfera na qual deveria haver reconciliação entre sujeito e objeto, a pessoa e o mundo, o consciente e o inconsciente. A imaginação funciona como elo de mediação, porque ela testemunhava a presença do natural dentro do ser humano. E a poesia era o âmbito privilegiado disso, porque era nela que a imaginação encontrava seu terreno mais livre. É interessante notar aqui dois paradoxos bastante produtivos. Em primeiro lugar, foi justamente a maior separação do campo da arte como uma esfera autônoma que permitiu a ela ser compreendida como algo transcendente, capaz de criticar, a partir de si, todas as outras formas de conhecimento e até mesmo de organizar a vida. É só a partir do século XIX que surge a ideia – tentadora até para os dias de hoje – de estetizar a vida como um todo, tanto nas relações com os objetos quanto com as pessoas. Em segundo lugar, o romantismo encarava a natureza em seu estado manifesto, diretamente acessível, como algo decaído e alienado, desprovido de um sentido verdadeiro. Dava-lhe assim as costas, para criar um mundo oriundo de poder ilimitado, quase divino, do espírito. No entanto, a força por detrás deste mundo vinha da própria natureza. Surgia, portanto, uma disjunção entre uma natureza degradada, quantificada, mera fonte de exploração, em suma, "objetiva", e outra verdadeira, tanto origem quanto resultado do potencial criador do ser humano.

Um exemplo privilegiado dessa dinâmica está na conversão da paisagem em objeto lírico. Obviamente, a poesia descritiva existiu desde os primórdios da literatura ocidental (lembre-se do supramencionando escudo de Aquiles). No entanto, a possibilidade de poetizar um espaço natural desprovido de seres humanos ou de seus produtos tinha como precondição um reencantamento do mundo que, por sua vez, pressupunha a neutralização da natureza como algo ameaçador, como emanação de poderes (mágicos, sobrenaturais) capazes de aniquilar o indivíduo. Em outras palavras, a paisagem converte-se em um objeto possível de abordagem poética, justamente porque, ao mesmo tempo, se opõe ao sujeito e pode ser vista como procedendo da mesma fonte que ele. Ou, em uma linha diferente de comparação: ao invés da paisagem como algo dado, como parte da criação divina extensa e ilimitada, ela aparece como a configuração de uma totalidade estética, como se fosse possível identificar nela ou dotá-la (os dois acabam se implicando, como vimos) de uma fisionomia própria. Isso só pode ocorrer porque a paisagem no poema refere-se tanto a uma realidade exterior quanto a um trabalho de poetização. Porque é importante enfatizar que nem mesmo o romântico mais exacerbado concordaria que a pura emoção ou a pura intuição poderiam gerar por si sós uma obra autêntica.

É dentro desse quadro que devemos investigar a emergência do **amor romântico**. Por toda a tradição literária desde a Antiguidade, o amor era visto como um afeto como os outros, cujo excesso era nocivo, a ser temperado com o seu contrário para que a medida correta fosse atingida. Por estranho que possa parecer, o amor foi visto, pelo menos até o século XVII, como algo que afetava o indivíduo *de fora*. Pense na figura do Cupido e suas flechas. O que é hoje uma imagem inócua, "fofinha", adequada para desenhos animados ou quadrinhos infantis, era tido como uma ameaça real, que roubava da pessoa a sua razão e que se aproximava da doença. (É esse o sentido do amor, por exemplo, no *Romeu e Julieta,* de Shakespeare.) Foi somente com o advento do cristianismo que o amor passou a ocupar uma posição de maior relevância. Mesmo assim, por toda a tradição literária até o começo do século XVII, o poema épico era considerado superior ao lírico. Foi com o romantismo que ele passou a ser o sentimento que definia a essência do sujeito, que vinha das profundezas abissais do eu e que o diferenciava de tudo e todos. É essa a versão que subsiste hoje, em condições de uma reprodução social massificada que a torna impossível.

Também vale a pena perceber que o rompimento do elo entre obra e mundo cria um novo espaço para a arte e a estética. Em vez de ser julgada por algum padrão de equivalência com a natureza, por mais frouxo que pudesse ser, a literatura começa a ser pensada como a fundação de si mesma, o que levaria a um grau de autoconsciência e autorreflexividade desconhecido até então. O lado negativo disso não escapou aos críticos contemporâneos do romantismo, que chamavam a atenção para um narcisismo exagerado do poeta, que por fim poderia desaguar em um solipsismo estéril. No entanto, essa maior autonomia do campo das artes permitiu uma ruptura muito produtiva com o sentido de ordem neoclássico. As misturas do mais elevado com o mais baixo deixaram de ser tabu – o que levou a uma valorização extrema de Shakespeare, por exemplo, o mestre maior desse tipo de combinação – e o grotesco e o diabólico puderam ser encarados de frente. Com efeito, a referência ao Bardo inglês merece algumas palavras adicionais. A combinação dos opostos – da tragédia com a comédia, do verso sublime com a prosa mais chula, quase pornográfica – foi apenas um dos traços do dramaturgo que atraiu os românticos. Com ele vinha a noção de uma totalidade do caráter humano. O deformado merecia tanta atenção quanto o simétrico porque ele também representava a essência do homem. Mas isso apontava para algo mais: a riqueza dos personagens não era estática; eles não existiam isoladamente, como em uma galeria, mas interagiam entre si e continuamente demonstravam o poder da imaginação, ela sim unitária, que os concebeu. Shakespeare passava então a ser visto como um gênio da natureza, a expressão imediata e desimpedida da força da criação do cosmos. Essa visão foi fundamental tanto para a crítica construir um ideal de literatura, quanto para os autores comporem suas próprias obras.

No entanto, por mais que essa representação possa nos parecer convincente – embora todo o esforço da teoria literária do século XX tenha sido o de atacar essa concepção de mundo –, ela envolveu uma série de modificações em relação ao Shakespeare dos séculos XVII e XVIII. Em primeiro lugar, a obra do dramaturgo sofreu um deslocamento do palco para o livro, do ambiente coletivo do teatro e sua artificialidade – os atores com suas vozes empostadas, as convenções dramáticas – para a interioridade e solidão, silenciosa e privada, do livro. O foco não está mais na experiência comum no espaço público, trata-se agora de ambicionar uma comunhão de espírito com as intenções do autor. Além disso, é possível notar na crítica de Shakespeare uma alteração da preocupação com o **juízo**, a determinação do certo e do errado, do acertado e do falho, para a **interpretação** propriamente dita. O interesse na comparação das manifestações textuais com padrões estabelecidos de bom gosto dá lugar à concepção da obra como contendo camadas ocultas de sentido que necessitam ser elucidadas pelo crítico. É assim que surge a associação da literatura com o mistério, o que já dá indícios de como ela tendia, no século XIX, a competir por espaço com a religião. Disso decorre que as categorias e os parâmetros utilizados para abordar Shakespeare não podem ser dados de antemão, mas devem, pelo contrário, ser fornecidos por aquilo que sua obra tem de específico. Isso faz com que o texto shakespeariano adquira um grau de **autonomia** muito maior em relação ao universo que o cerca – e esse é o ponto principal a ser enfatizado. Com tudo isso, em suma, percebe-se que Shakespeare aparece como o autor mais adequado para unir descrição e reflexão, compreensão do mundo e autoconhecimento de si.

Não à toa, portanto, críticos românticos puderam identificar em Shakespeare, ao invés da épica, as origens do gênero que dominou o período: **o romance**. É claro, seu surgimento deu-se no século XVIII, mas somente agora ele viria a receber um tratamento que não apenas o legitimaria perante as outras modalidades de escrita, mas o alçaria à posição de gênero mais elevado. A teoria romântica identifica ao menos três características fundamentais no romance, que o tornam o palco privilegiado da representação literária. Em primeiro lugar, ele exibe uma totalidade ficcional superior a qualquer outra manifestação literária. O romance contém um universo abrangente, que engloba uma miríade de personagens das mais diversas espécies; ele é capaz de abrigar em si um mundo próprio, espacial e temporalmente determinado; e do ponto de vista técnico-formal ele não encontra dificuldades para trazer para seu interior todos os gêneros e estilo de escrita, desde o verso lírico e a composição epistolar até a própria crítica literária. Voltaremos a isso em seguida. Antes de chegar lá, porém, cumpre observar que o romance, em segundo lugar, está estreitamente ligado ao devir: ele é o gênero que mais naturalmente incorpora a mudança, não apenas no que diz respeito à sucessão de eventos no enredo, com seus acasos e coincidências típicos, mas também, e principalmente, na transformação dos personagens. Por fim, o romance romântico apresenta um **caráter especulativo** inédito até então. No século XVIII, pensava-se nele como um veículo de valores positivos, um meio de inculcar nos leitores boas maneiras e bons costumes; por outro lado, em *Os anos de aprendizado de Wilhelm Meister* (1795-1796), de Goethe, o romance está plenamente consciente de si como objeto estético e qualquer interpretação do texto terá de levar em consideração que seu objeto não é ingênuo e que sabe que tudo aquilo que diz da literatura e da arte poderia potencialmente ser usado em relação a si mesmo. Essa capacidade do romance de refletir sobre si mesmo será tanto causa quanto efeito de uma importante conquista representacional do romantismo, a **ironia**.

Vale a pena nos demorarmos no conceito, não apenas pela novidade que ele apresenta na história das ideias críticas, como também pelo quanto ajuda a conceber uma ideia enfática, talvez vital, de obra literária. A definição do *Dicionário Houaiss* é concisa e funcional: a ironia é uma "figura por meio da qual se diz o contrário do que se quer dar a entender". A ela deve-se acrescentar que a ironia não ocorre no vácuo, mas que seu sentido depende também do *contexto* no qual aparece. Mesmo a menor das frases irônicas (mesmo uma palavra) só poderá mostrar-se irônica em contraste, no mínimo, com a situação na qual é enunciada. Um terceiro passo é dado quando se percebe que a ironia com muita facilidade mobiliza extremos, promove a conjunção dos opostos. Isso não se dá, porém, de uma maneira expositiva, como se eles fossem colocados lado a lado; pelo contrário, justamente por estabelecer um vínculo tenso com o ambiente que a circunda – seja ele verbal, os contornos do texto, ou pragmático, a situação na qual o texto acontece –, a ironia acaba afetando tanto o autor quanto o leitor. Com efeito, para que ela exista, é necessário haver sempre alguma indeterminação, uma possibilidade, ainda que ínfima, de ela não estar de fato acontecendo e de o sentido ser na realidade literal.

Mas vejamos um caso concreto, o do alemão Friedrich Schlegel (1772-1829). Há duas fontes gregas cuja conjunção modela sua concepção da ironia. A primeira vem da filosofia e é a famosa ironia socrática, o fato de Sócrates andar pela cidade procurando alguém que soubesse de algo, enquanto de si dizia que só sabia que nada sabia. Disso é interessante reter a contradição entre o conteúdo do dito, o não saber, e aquilo que aparece por meio da *afirmação* dessa ignorância, pois asseverar o não saber já equivale a saber ao menos isso. Para dizer de outra forma, o *ato* de dizer (o saber) está em tensão com o conteúdo do dito (a ignorância). Para Sócrates, esse conhecimento seria a base de todos os outros; para a crítica romântica, porém, ele demarcava os limites da obra literária em relação àquilo que estava a seu redor. A segunda referência vinha do teatro, por meio da *parabasis*. Na comédia grega clássica – a de Ésquilo, Sófocles e Aristófanes –, ela ocorria em uma pausa na ação, durante a qual o coro vinha para a frente sem sua indumentária, que incluía máscaras, e expressava, sob a forma de canção ou recitativo, opiniões do autor sobre a comunidade, a religião, a política, ou a própria comédia que estava sendo encenada. Como havia competições dramáticas, esse momento formalmente previsto era aproveitado para defender a superioridade da peça encenada em relação às outras. Ora, essa quebra da ilusão ficcional dentro dos limites do objeto – uma exterioridade interior, se você quiser – aparecia como uma consciência da obra em relação a si mesma como obra e como objeto do comentário crítico.

Na variada produção de Schlegel, são de particular interesse para o estudo da ironia os fragmentos por ele publicados em duas revistas, a *Lyceum der Schönen Künste* [Liceu das Belas Artes] e o *Athenaeum*.

Reflita sobre o trecho a seguir, pertencente ao primeiro grupo, composto de uma sentença apenas:

> *Sinn (für eine besondere Kunst, Wissenschaft, einen Menschen, u.s.w.) ist dividierter Geist; Selbstbeschränkung, also ein Resultat von Selbstschöpfung und Selbstvernichtung.*
>
> [Sentido (para uma arte, ciência, um homem particular etc.) é espírito dividido; autolimitação, resultado, portanto, de autocriação e autoaniquilamento] (tradução de Márcio Suzuki).

O sentido inicial é claro: tanto para o indivíduo quanto para a arte e a ciência – e a palavra *Wissenschaft* tem um escopo mais amplo que a nossa "ciência", pois designa qualquer saber sistematizado e organizado – é necessário fragmentar. Dizer tudo é rigorosamente impossível. No entanto, para ser realmente enfático, o cerceamento não deve ser dado de antemão ou imposto de fora. Pelo contrário, ele precisa ser construído pelo próprio autor. Há assim um duplo jogo em cena: de criação, na escolha do que se diz, e de apagamento, naquilo que permanece intencionalmente como não dito, o silêncio como condição de possibilidade de que qualquer coisa possa ser enunciada. É interessante perceber que aquilo que vale para a arte e ciência aplica-se igualmente ao indivíduo. Isso aponta para um desejo de que a vida pessoal (e, por causa do "etc.", outros âmbitos também) possa ser regida pelos mesmos princípios que regem a arte e a ciência. Para tanto, seria necessária uma conciliação das diversas áreas do saber e das formas de existir em uma totalidade harmônica. Ora, tal totalidade não poderia ser criada a partir de um princípio de acréscimo, pois assim não teria fim; teria, pelo contrário, de fazer uso de um princípio de autodelimitação, ser um fragmento.

O próximo passo decorre do que acabou de ser dito: é preciso perceber que o fragmento ***faz aquilo que descreve***, pois ele mesmo foi obrigado a impor-se a autodelimitação que aborda e defende. Ora, isso é algo que o texto mesmo não diz, mas que sem dúvida sabe. No entanto, ele não nos revela isso diretamente, mas apenas depois de o termos investigado. E isso também vale em relação ao gênero da escrita. Se em um primeiro contato tem-se a impressão de que o fragmento é um enunciado estritamente crítico, que tem como horizonte tão somente os textos literários, quando se percebe que ele mimetiza o que declara, ele passa a ser um objeto de si próprio, por assim dizer, e pode ser visto como parte da literatura.

Note então o que ocorreu aqui: a partir da interpretação do texto, chegamos a uma ideia interessante que, ao ser confrontada com o texto, dá a impressão de que ele já estava à sua espera. Em suma, com o romantismo surge o conceito de obra como objeto autoconsciente. O texto não figura como mero artefato linguístico em um circuito comunicacional (com emissor, meio e receptor). Ele parece ter noção de que existe como tal, quase como se fosse um ser vivo – isso não seria de espantar, uma vez que no romantismo essa metáfora biológica expandiu-se para esferas mais amplas que o campo científico original. Se o fragmento de Schlegel tivesse um rosto, ele estaria sorrindo matreiramente.

Tudo isso foi desenvolvido a partir de uma única ideia em um único fragmento. Entretanto, ele não está isolado, mas relaciona-se com todos os outros publicados no *Lyceum* e – por que não? – com os do *Athenaeum*, ou até mesmo com toda a obra de Schlegel. Com efeito, vários dos outros temas ou assuntos discutidos lá – o *Witz* (chiste ou dito espirituoso), o gênio, a arte ingênua e a artística etc. – podem ser pensados como não ditos em relação a este aforismo, assim como ele pode ser lido em função deles. Ao menos duas conclusões podem ser tiradas disso:

1. o fragmento, justamente por ser passível de entrar em relação com outros, projeta uma imagem de uma totalidade aberta;
2. essa totalidade tem várias entradas e que diversas ideias podem ocupar o centro, tendo outras que a iluminam, ou a margem, assim explicando outras.

No entanto, esse conhecimento que a obra aparenta ter de si mesma tem uma fragilidade própria. A dança do dizer e do não dito, do mostrar e do ocultar é algo que requer uma atenção extrema do leitor, bem como uma situação particularmente propícia para que possa ocorrer um distanciamento maior do que antes em relação ao mundo da comunicação direta. Para dizer concisamente, a maior profundidade da literatura é conquistada à custa de uma crescente impotência em relação ao mundo externo a ela. Isso se manifesta de diversas maneiras. A natureza cosmopolita da literatura do século XVIII vai paulatinamente tornando-se cada vez mais nacional (e nacionalista); a universalidade do gosto – que, como vimos, sem dúvida era ideológica – estilhaça-se, e se por um lado permite o surgimento de obras fantásticas, por outro facilita a emergência de um mau gosto sem precedentes. Na mesma linha, a ênfase no indivíduo é precondição para a existência do gênio, mas também chancela o solipsismo ressentido e medíocre. Em suma, o processo que leva a uma maior autonomização da arte, que permite que cada vez mais tudo possa ser dito, tem como consequência inequívoca uma interiorização que precariza a ideia de coletividade e retira da obra qualquer eficácia social.

CAPÍTULO 3

Tecnologização da crítica e desespecificação dos objetos

Como uma prática discursiva inerentemente coletiva e pública, a crítica literária é influenciada por tendências sociais mais amplas. Seria de espantar, em uma época na qual o conhecimento científico ocupa um lugar tão preponderante na reprodução da vida, que a crítica não fosse afetada por esse tipo de saber. Com efeito, desde a segunda metade do século XX, ela tem se tornado cada vez mais tecnologizada. Isso não é difícil de explicar. A ferramenta fundamental de qualquer tipo de reflexão, incluindo a crítica, é o conceito. Sem ele, é obviamente impossível pensar e fazer sentido de qualquer objeto, dentre eles, textos. No entanto, a tecnologização da crítica ocorre quando os conceitos perdem o seu caráter mais ou menos transparente, quando deixam o âmbito da linguagem comum (leitura, personagem, tempo, espaço, narrador, gênero, romantismo etc.), para adquirirem sentidos cada vez mais específicos, depurados de ambiguidades, por um lado, ou, por outro, se articularem em conjuntos inter-relacionados, com a aparência de sistema. Outra maneira de dizer a mesma coisa é observar como, até o começo do século XX, grande parte dos estudos literários se dava por meio da comparação de obras umas com as outras. Isso podia ocorrer fazendo-se uso de conteúdos específicos (objetos, temas, problemas, assuntos etc.), personagens, experiências dos autores, histórias de publicação ou recepção, e assim por diante. O comparativismo prescindia assim em grande medida de conceitos exteriores aos textos; ele fazia, por assim dizer, as obras lerem umas às outras. Isso praticamente não acontece mais hoje. O procedimento interpretativo mais comum não é o de confrontar obras diferentes, mas relacioná-las a arcabouços teóricos das mais diversas espécies e origens.

Uma consequência dessa crescente complexidade e sofisticação da crítica literária é a de que ela se transformou em um campo que exige um conhecimento amplo daquilo que anteriormente era considerado como extraliterário e que permanecia desta maneira fora do campo de visão do crítico. Não é apenas o caso de o profissional da área hoje estar razoavelmente familiarizado com outras modalidades ficcionais, como o cinema, o teatro ou a internet. Para poder exercer uma crítica contundente, é muito recomendável que ele seja competente em uma ou mais das teorias capazes de trazer inteligibilidade aos textos. Vale notar que a própria literatura responde a esse estado de coisas, seja incorporando a elaboração conceitual, fazendo da teoria um *material* ficcional (o que é positivo), seja adequando-se de antemão às preocupações de uma corrente crítica (o que não é). No primeiro caso, a literatura tenta confrontar a crítica com as próprias armas desta, interiorizando um saber a princípio gerado para interpretá-la; no segundo, ela se submete à crítica em uma simples tentativa de ser aceita e de fazer sucesso.

Seja como for, a tecnologização do aparato crítico ocorreu por meio de um processo complexo, resultado de uma série de fatores tanto inerentemente teóricos quanto de política intelectual mais ampla. Para tentar ser didático, é possível distinguir duas modalidades de tecnologização dos conceitos interpretativos. A primeira se dá por meio da relação da crítica com outras áreas das ciências humanas. Ao dialogar com a **história**, ela percebe (como tentei mostrar anteriormente) que seu conceito, bem como o da literatura, muda com o tempo. Como vimos, a própria ideia de grande obra está ligada a um período específico da constituição do mundo ocidental e é possível imaginar que nossa época tenha dificuldades para lidar com ela – algo que não seria necessariamente positivo. O desafio aqui é reconhecer a mutabilidade extrema da língua, daquilo que pensamos ser a literatura e da ideia que temos sobre como devemos julgá-la, sem, no entanto, enfraquecer a agudeza da reflexão. O fato de a literatura em nossa época ser muito diferente de duzentos anos atrás e de que certamente o será em um futuro bastante próximo não deve levar ao relativismo. A transitoriedade de nossos conceitos e categorias não nos exime de nos esforçarmos ao máximo para lidar adequadamente com eles. Pelo contrário, um conhecimento aprofundado da história da crítica tem como implicação imediata um senso mais aguçado de responsabilidade para com o presente: se não existem uma constante atemporal da literatura, uma substância ou conteúdo que lhe seria específico, então fica evidente o quanto a crítica responde, para o bem ou para o mal, pela constituição de seu objeto.

Ao se relacionar com a **sociologia**, a crítica conscientiza-se, não apenas de sua função social, mas das maneiras com as quais a literatura vincula-se à sociedade. Na tradição marxista, há uma verdadeira poética em torno das formas com que isso pode ocorrer. Para além da imbricação direta, em certa medida inevitável, entre cultura e privilégio social, determinada obra pode estar relacionada a uma classe social específica, funcionando como uma espécie de porta-voz; ela pode ser concebida como expressando a visão de mundo de seu autor, sua *Weltanschauung*, e, consequentemente, sua ideologia. Pode também colocar em cena perspectivas de classes antagônicas; trabalhar simbolicamente contradições sociais de difícil percepção e resolução; organizar, por meio da ficcionalidade, desejos utópicos de libertação da dominação; captar, pelo trabalho da imaginação, sementes do futuro, indícios da direção na qual a sociedade se move – e haveria ainda outras possibilidades. Um dos modelos mais interessantes de relação entre literatura e sociedade (ou base e superestrutura, na terminologia marxista) é oferecido por T. W. Adorno (1903-1969). Trata-se de uma teoria dialética que tenta reconciliar duas noções contraditórias, a de que as obras relevantes são, ao mesmo tempo, autônomas, isto é, regidas por suas próprias leis *internas* de composição e a de que são significativas socialmente por conterem em si problemas de cunho social. A chave para isso reside em um conceito enfático de forma, que conteria em si conteúdos sociais cristalizados. Para dar um exemplo rápido: a ideia de *foco narrativo* pode ser vista como ligada à emergência da categoria de sujeito isolado, diferente de uma voz historicamente anterior à ascensão da burguesia, uma voz anônima e coletiva. Ele representaria, portanto, um narrador individualizado, mesmo quando se coloca em 3ª pessoa, como no realismo ou naturalismo. O mesmo aconteceria, no polo oposto, com o processo de *identificação* com um personagem, um dos traços mais marcantes da indústria cultural e que resulta em uma atomização tanto do leitor quanto do personagem principal da história. Como este último é destacado em relação aos outros, não importa o que lhes aconteça: se o herói acaba bem, o final feliz está garantido, independentemente de quão terrível ele possa ser para os personagens secundários e figurantes. Em suma, trata-se de categorias narrativas com muito a dizer sobre a sociedade que as criou e as utiliza e que as obras de valor problematizarão ao máximo.

A relação da crítica com a **psicanálise** é complexa e há uma série de pontos de contato e tensão que têm sido explorados em uma história de enriquecimento mútuo e de desentendimentos. Isso fica evidente quando se percebe que a psicanálise tornou-se no século XX um material ficcional importante e que, por outro lado, muitos dos textos de Sigmund Freud (1856-1939) prestam-se a uma leitura "literária", ou seja, que procura identificar neles algo mais do que conteúdo conceitual. Como o cerne da psicanálise reside na descoberta do inconsciente, a maneira mais comum de se fazer crítica psicanalítica tem sido abordar determinada obra a partir de sua função psíquica para o autor. No processo de composição, a obra pode materializar desejos ou ser o veículo de gratificações inconscientes. E o mesmo é válido para o âmbito da recepção: justamente por ser um todo ordenado, submetido a princípios próprios de estruturação, o texto literário seria capaz de organizar os afetos, os impulsos ou as pulsões que, caso contrário, permaneceriam difusas e vagas para o leitor. Mais interessante – e mais difícil – do que psicanalizar autor ou leitor, no entanto, é tentar discernir qual seria o inconsciente *do próprio texto*. Note-se bem, isso não aconteceria como um significado oculto a ser desvelado pelo intérprete, mas como uma prática de leitura que colocasse em ato as leis de funcionamento do inconsciente. O texto literário apresentaria, assim, homologias com o sonho e o chiste, por exemplo, e a tarefa do crítico seria formalizar os procedimentos comuns a eles (condensação e deslocamento, primazia do significante, "atos falhos" narrativos etc.), sem perder aquilo que seria uma especificidade da literatura.

Por fim, a relação com a **filosofia** é, ao mesmo tempo, a mais evidente e a mais problemática de todas. Isso se deve primeiramente ao fato de que a reflexão sobre a arte, a estética, é um dos campos internos da filosofia. A literatura está dentro da filosofia porque poucos foram os filósofos que não tiveram nada a dizer sobre a arte. Para muitos deles, a literatura ocupou um lugar central na formulação de seu pensamento. Mas a literatura também está fora da filosofia, porque a filosofia a utiliza como alavanca ou estopim para a reflexão sobre problemas da tradição filosófica como a natureza do ser (ontologia), do conhecimento (epistemologia), da estruturação do pensamento (lógica), da transcendência (metafísica), e da vida justa (ética e moral). O mesmo acontece do outro lado da relação, pois por mais que a crítica literária ambicione ser imanente e não impor à obra categorias que lhe sejam estranhas, é impossível enunciar algo de coerente sobre a literatura sem algum sistema subjacente de noções sobre o que são a autoria, a imaginação, a ficcionalidade, o sentido, a composição etc. E, no entanto, isso não significa que a crítica possa simplesmente apoiar-se em alguma filosofia particular para interpretar obras literárias. Se não houver, no confronto com o texto, algum distanciamento em relação a postulados pré-formados, ela converte-se em um simples exemplo.

A segunda modalidade de tecnologização da crítica não surgiu a partir do diálogo com outras disciplinas, mas de um desenvolvimento interno da questão a respeito do literário. Quem hoje começa a estudar sistematicamente a literatura não tarda a se deparar com a existência das chamadas "correntes críticas". Elas têm sido objeto de discussões extensíssimas e só poderão ser abordadas aqui da maneira mais superficial. Para muitos, a moderna crítica literária começa com o **formalismo russo**, um movimento que floresceu no começo do século passado e que durou apenas algumas décadas, tendo sido sufocado nos anos 1930 pela censura stalinista. O ponto central dessa escola interpretativa reside em um deslocamento da questão crítica: diferentemente do que se acreditava até então, os formalistas defendiam que o estudo da literatura não deveria estar focado nas intenções do autor, nem no efeito que seria gerado no leitor. E nem mesmo os conteúdos específicos das obras deveriam ser o objeto central de investigação. Seria necessário descobrir o que seria o literário na literatura, a sua *literariedade*. Para Viktor Shklovsky (1893-1984), ela residiria na *diferença* em relação à linguagem cotidiana. Esta última tenderia ao automatismo e ao apagamento da materialidade da língua, que se tornaria transparente no ato da comunicação. A literatura, pelo contrário, promoveria o estranhamento, a desfamiliarização da língua, deixando de ser um meio para converter-se em um fim. A literariedade, entendida assim como uma oposição constitutiva entre a literatura e a língua comum, seria dinâmica. Assim que determinado traço "estranhador" da literatura fosse absorvido pela linguagem do dia a dia, esta manifestação literária deixaria de sê-lo e abriria caminho para algo de diferente. Um desenvolvimento posterior reformulou essa ideia e passou a considerar que cada obra traria dentro de si diversas camadas ou estratos; a diferença residiria não apenas na oposição entre literatura e linguagem comum, mas entre elementos do próprio texto. Dessa maneira, determinado artefato poderia continuar a gerar estranhamento, porque sua absorção e automatização mobilizaria apenas algumas de suas partes.

Essa ênfase na diferença, no fato de que não haveria nenhuma característica intrínseca, nenhuma *substância* subjacente à literatura, é o elemento de ligação do formalismo russo com o **estruturalismo**. Seu postulado fundamental é o da linguística de Ferdinand de Saussure

(1857-1913), segundo o qual, na língua, não há senão oposições entre seus elementos constituintes. O fonema /p/ só é /p/, por não ser /b/, /t/, /d/, ou nenhum outro. Em outras palavras, a identidade de cada item ocorre como uma função da diferença em relação a todos os demais. A crítica estruturalista, portanto, ao invés de preocupar-se com conteúdos particulares do texto, procura segmentá-lo em unidades mínimas e encontrar as regras de suas articulações. O texto literário agora passa a ser concebido como um sistema de combinações internas que, no entanto, pode se relacionar com outros sistemas. Com efeito, esse tipo de abordagem pode ser aplicado a qualquer prática significante, desde atividades propriamente linguísticas, como o jornal ou a telenovela, até outras práticas culturais, que, uma vez transformadas em signos, em jogo de oposições, tornam-se objetos de análise. Os exemplos vão desde a moda concebida como sistema, passando pelos hábitos alimentares de determinado grupo (ou seja, as combinações de gosto permitidas e evitadas), até signos os mais inusitados, como as posturas corporais e seu significado, que variam segundo as sociedades e mesmo faixa etária ou gênero sexual. A partir disso, já é possível perceber como o estruturalismo é avesso a uma concepção forte de autoria, pois, embora haja um agente que organiza o material narrativo, ele, por definição, não terá controle sobre o funcionamento do sistema.

O **pós-estruturalismo** é um nome muito frouxo que se dá às obras de um conjunto de pensadores que, dependendo do ângulo, têm mais em desacordo do que em comum. Em certa medida, a crítica pós-estruturalista confunde-se com a **pós-moderna**. A maneira mais didática de concebê-la é por meio de uma exacerbação da lógica estruturalista. O estruturalismo baseava-se em uma dinâmica oposicional de elementos, que, no entanto, ocorria segundo regras composicionais bem estabelecidas. O pós-estruturalismo mantém a falta de centro da noção estruturalista de sistema, mas recusa-se a aceitar qualquer espécie de limitação ao jogo textual, que agora surge como incontenível, ilimitável por qualquer aparato teórico restritivo. Toda e qualquer espécie de elemento enriquecedor de sentido passa a ser bem-vindo. Citações de estilos, referências intertextuais, colagens, montagens, paródias, o *nonsense*, o acaso, a indeterminação, o jogo: estas são apenas algumas das estratégias composicionais favorecidas por uma estética que nega qualquer representação de profundidade em distinções como conteúdo e forma, sentido aparente e oculto, ou, no limite, verdade e falsidade.

A **desconstrução** também surgiu no seio do estruturalismo e frequentemente é considerada como uma crítica pós-estruturalista. Seu pressuposto de base é o de que o pensamento filosófico e a metafísica ocidental formaram-se através de um processo de favorecimento de uma série de termos que excluem seus opostos. A presença, o oral, o central, o masculino, o falo, o branco teriam primazia em relação à ausência, ao escrito, ao marginal, ao feminino, ao hímen, ao negro etc. – a série opositiva poderia estender-se quase que infinitamente. Para Jacques Derrida (1930-2004), o fundador da desconstrução, mesmo o estruturalismo trabalhava com alguma espécie de centro quando postulava a redução de textos a uma oposição binária de base. *Grosso modo*, a crítica desconstrutivista começará procurando identificar qual o jogo de oposições na malha textual para detectar aquilo que é recalcado, qual o não dito da obra. A engenhosidade interpretativa vem no gesto de mostrar que o excluído não é simplesmente ausente, mas é na realidade uma condição de possibilidade da própria oposição de que faz parte. Por exemplo: em Platão, a escrita é vista como algo subordinado, inferior à imediaticidade da fala; ela é infiel, porque não está sujeita à presença do autor, à espontaneidade do falante. Após uma cuidadosa leitura, no entanto, percebe-se ser impossível descrever a fala sem utilizar metáforas da escrita, sem fazer uso de estratégias de composição próprias à escrita. Haveria, portanto, uma arquiescrita controlando a própria oposição entre fala e escrita.

Uma posição radicalmente diferente é oferecida pela **estética da recepção**. Seu postulado central é o de que a obra literária não existe como um objeto isolado em si, mas precisa do leitor para poder vir a ser. Em outras palavras: não há texto sem leitura. Esta, por sua vez, não é algo passivo, uma simples decodificação de sentidos já inscritos no objeto; pelo contrário, ela tem um papel constitutivo. Há duas ideias importantes que podem ser levadas em consideração aqui. A primeira é a de que as obras literárias são, por definição, lacunares. Na experiência concreta de leitura, o leitor será sempre obrigado a preencher vazios de toda espécie, não apenas através de um trabalho imaginativo (preenchendo eventos não mencionados na ação, construindo a atmosfera, materializando personagens), como também tendo de decidir questões básicas de linguagem. A ironia, por exemplo, só pode ser ativada por uma suspeita do leitor; por definição, ela não pode se assumir como tal. A segunda ideia diz respeito àquilo que o leitor traz para o contato com a obra literária. Só o fato de você saber que o texto que tem em mãos pertence à literatura já é significante para a sua compreensão. Sempre existirá, portanto, um horizonte de expectativas antecedendo o encontro com o texto. Tal horizonte, é claro, variará historicamente, desde o primeiro, dentro do qual o autor se inseria, até o atual. Ainda que seja plenamente exequível reconstruir historicamente um horizonte de expectativas do passado, é impossível abstraí-lo. A imagem é adequada: não importa o quanto você avance, o horizonte estará sempre à sua frente, englobando-o.

Nas últimas décadas, principalmente nos Estados Unidos, surgiram diversas vertentes teóricas que trouxeram consigo uma preocupação abertamente política. Para muitos, a crítica tem deixado de ser simplesmente um discurso que visa à explicação e à elucidação de obras específicas, para se tornar parte de uma plataforma mais ampla de reivindicações de direitos. No caso da **crítica feminista**, sua função é menos se constituir como um campo de estudos do que ser um veículo para a conscientização da opressão de gênero. A crítica feminista relê toda a história da literatura como relacionada ao domínio do patriarcalismo. Isso pode se manifestar, por exemplo, em uma limitação da presença de escritoras no cânon literário; na criação de personagens femininas que se adequam aos estereótipos de bom comportamento; ou na primazia de valores supostamente masculinos como a competitividade e a rivalidade. Com efeito, uma vez que a oposição homem x mulher converte-se em instrumento heurístico, toda uma série de contrastes vem à tona, envolvendo os mais diversos aspectos do texto literário, desde a forma com que os enredos ou versos são construídos, até os efeitos gerados nos leitores. Ao centrar seu foco na questão dos gêneros sexuais, o feminismo descortina um novo horizonte crítico, que conduz a uma rearticulação da literatura como um todo.

Esse gesto de recortar uma problemática determinada e usá-la para reestruturar o passado e avaliar o presente ocorreu nos Estados Unidos em vários outros tipos de discurso, que, por falta de um termo mais apropriado, podem ser chamados de **críticas de minorias**. Os **Black Studies**, ou **estudos de negritude**, investigam como as relações raciais desempenham um papel importante, muitas vezes estruturador, na literatura ocidental. No que concerne à representação dos negros, eles são normalmente apagados em um universal subliminarmente proposto como branco. Quando de fato aparecem, sempre ocupam uma posição subalterna, ou têm associada a si uma série de pré-conceitos formados socialmente (como os de preguiça, ineficiência, burrice, ou sexualidade extremada). Já para a **crítica *queer***[2], fruto da militância *gay* e lésbica, a tarefa interpretativa decisiva é localizar nos textos consagrados do cânon impulsos sexuais latentes com o fim de questionar a normatividade sexual. Assim como para uma parte do feminismo e para os estudos de negritude, os críticos *queer* concebem

[2] "Queer" é um termo inglês pejorativo para "homossexual" ou alguém com sexualidade desviante ou comportamento perverso.

a identidade, no caso, a sexual, como algo construído. Foi apenas no século XIX que o conceito de homossexual surgiu como algo definidor daquilo que um indivíduo é. Ao invés de algo fixo, a sexualidade teria algo de caótico e seus objetos poderiam ser múltiplos.

No caso da **crítica pós-colonial**, trata-se menos de abrir uma nova via, um novo caminho interpretativo no interior de textos consagrados, do que descentrar a cultura ocidental e seus valores. Uma perspectiva pós-colonial da cultura mostra que as obras literárias não são veículos representacionais inocentes, mas que, pelo contrário, participam da dominação do Ocidente sobre o resto do mundo. Um caso representativo é o do *orientalismo*. O termo pode ter ao menos três sentidos: um longo período de interação entre Europa e Ásia; o estudo acadêmico das línguas e culturas orientais, que se inicia no começo do século XIX; a série de estereótipos das pessoas da região de uma forma ou de outra postos em cena por escritores e intelectuais europeus. O interessante é perceber que os três fenômenos vão juntos na construção do orientalismo como *um objeto*, um recorte específico da realidade, uma abstração concreta, por assim dizer, que traz consigo relações de poder e de dominação.

A crítica vive hoje um momento de extrema riqueza. Além de todas essas vertentes mencionadas até agora, há ainda várias outras que se orientam por conteúdos ou temáticas determinadas e que geralmente são caracterizadas como "estudos". Exemplos incluiriam os estudos utópicos ou estudos de trauma, mas até mesmo outros campos de estudos podem converter-se em objeto da crítica, como *media studies* ou *legal studies* etc. É interessante perceber aqui a facilidade com que, nos Estados Unidos, qualquer questão pode se cristalizar em um campo de estudos. Sem dúvida, a descrição oferecida aqui das escolas críticas é extremamente superficial. Nas "Referências", você encontrará leituras recomendadas para o aprofundamento do estudo dos movimentos interpretativos neste começo de século. No entanto, para os fins deste livro, mais importante do que caracterizar essas diversas correntes teóricas é chamar a atenção para o surgimento de um problema novo no âmbito dos estudos literários. Trata-se de uma divisão que vem se consolidando, muitas vezes sem que as pessoas se deem conta disso, entre a crítica propriamente dita e a **teoria literária**. Para dar um exemplo significativo: no mundo anglo-saxão, as antologias da editora Norton são das mais populares e respeitadas, sendo adotadas tanto por escolas quanto por universidades. Em 2001, foi publicado um volume dedicado à teoria e à crítica. Aqui é curioso ver todo aquele aparato textual normalmente empregado para o tratamento de obras literárias – notas introdutórias e de rodapé, biografia e bibliografia – ser utilizado para abordar críticos. Mais revelador do que isso, porém, é a ausência do termo literário no título, pois a antologia chama-se *Norton Anthology of Theory and Criticism*.

Ao constituir-se como um campo próprio, a crítica passou a adquirir uma especificidade própria, até mesmo uma autossuficiência, que com facilidade a distancia da literatura, sem que no entanto se confunda com a filosofia. No limite, pode até mesmo haver uma animosidade ou rivalidade entre as duas, quando, por exemplo, a literatura é caracterizada pela teoria como puro instrumento de dominação de classe, ou de perpetuação da opressão de gênero, raça ou sexualidade normativa.

Com efeito, várias das abordagens mencionadas acima têm uma postura antagonística para com a literatura; elas lidam com o cânon literário como se ele devesse ser denunciado. E a acusação se estende à crítica literária em seu sentido estrito, pois ao se preocupar exclusivamente com obras determinadas, ela pode ser atacada por não ter uma autoconsciência de sua própria prática interpretativa e de, consequentemente, compactuar com o *business* das letras. Estabelece-se, assim, um campo de tensão, que se reflete até mesmo em uma nova divisão de trabalho do profissional do ramo: por um lado, o teórico, um produtor de enunciados gerais e extrapoláveis aos mais diversos fenômenos da cultura, que faz uso de aparatos conceituais sofisticados e se volta para questões arrojadas, mas que é incapaz de interpretar um soneto; por outro, o crítico, íntimo das obras literárias, mas que encontra dificuldade para ligá-las a conceitos de validade mais ampla.

Há muito a ser criticado aqui. É possível dizer que a teoria usa a literatura (ou a cultura em geral) apenas como um pretexto para sua própria existência; ou seja, lê-se determinada obra não para descobrir o que ela tem de interessante a dizer por si mesma, mas como uma oportunidade para a exibição da teoria. Em outras palavras, o texto converte-se em uma desculpa para o exercício teórico: ele transforma-se em um *exemplo* da teoria. O processo interpretativo fica assim extremamente comprometido, porque o que de fato ocorre neste caso é tão somente uma dinâmica de reconhecimento na obra de conteúdos *que já estão na teoria*. Se a interpretação pode ser vista como fazendo uma pergunta ao texto, a das teorias seria monótona, repetindo sempre "o que você tem a dizer dos meus conceitos?".

De uma outra perspectiva, vale a pena atentar para a presença de uma metáfora industrial subjacente quando se promove a aplicação de teoria. É como se a literatura fosse uma matéria bruta que precisasse do aparato conceitual, das máquinas interpretativas, para poder significar. A obra literária aparece como algo inerte, absolutamente passivo. No entanto – e isso faz o problema ficar mais complexo – é impossível retornar aos tempos pré-teóricos e fingir que a tecnologização da crítica não aconteceu. Em vez de simplesmente lamentar tal estado de coisas, é mais interessante perceber como o impasse decorrente da oposição entre teoria e crítica literária deixa entrever o que seria o ideal de uma crítica verdadeiramente forte: submergir nas obras e tentar fazer com que falem a partir de si, sem contudo desconhecer as teorias que podem fazer com que tal fala seja pungente. Se a primazia é dada à obra, a teoria surgirá de sua própria demanda.

O que se espera do crítico hoje, então, é nada menos do que a conjunção de dois impulsos a princípio incompatíveis, a saber, conseguir esquecer-se de toda teoria ao penetrar na obra, mas, ao mesmo tempo, lembrar-se dela para trabalhar aquilo que o texto parece exigir. E o interessante é que isso vale também para a teoria ou qualquer forma de metacrítica, como no caso deste livro.

Se a tecnologização da crítica encorajou um descolamento da teoria em relação à literatura, a ascensão dos **estudos culturais** impôs à crítica literária a necessidade de justificar seu objeto. Os estudos culturais surgiram na Inglaterra do pós-Segunda Guerra com o trabalho de críticos de esquerda como Richard Hoggart, E. P. Thompson e Raymond Williams, que viriam a pôr em xeque a forma com que os estudos literários eram concebidos até então naquele país. Tradicionalmente, o mundo das letras era habitado por membros da elite ou então das camadas sociais médias. O ensino era restrito e, até o século XIX, baseado nos clássicos greco-latinos. Diante disso, é possível ter uma ideia do que representou para esses e outros intelectuais britânicos da época o contato com a Workers' Educational Association, entidade encarregada da educação de adultos da classe trabalhadora. O que ficou claro para eles era que a distância entre seus alunos e Shakespeare, por exemplo, era tão grande que simplesmente forçá-los a aprender informações sobre o poeta equivaleria a perpetuar, no âmbito da literatura, a dominação que ocorria no plano econômico. Se Shakespeare deveria ser pensado como universal, os operários britânicos teriam fortes entraves para alcançar esse universalismo. Ao invés de impor um universo tão alienante, pensaram Raymond Williams e seus colegas, por que não envolver no processo de ensino o mundo dos próprios trabalhadores? Com isso ficava patente uma concepção de cultura que não mais se atrelava àquilo que seria o *valor* intrínseco da obra, à veiculação de algo com uma validade geral, mas se associava a *formas de vida* ligadas, sem dúvida, a distinções de classe social, mas também de gênero sexual e raça.

Com a institucionalização dos estudos culturais nos anos 1960, essa visão passa a adquirir um caráter metodológico e uma série de trabalhos começa a ser escrita sobre o que seriam a cultura popular, as práticas de indivíduos concretos em coletividades específicas. Com isso, questionava-se também uma divisão disciplinar que seccionava a vida em áreas estanques, como por exemplo a psicologia e a sociologia. Ocorre então uma multiplicação dos objetos de estudo, pois doravante qualquer fenômeno de significação que faça sentido dentro de um contexto de uma experiência de grupo pode ser um material para a análise, desde uma festa popular ou uma procissão religiosa, até telenovela ou uma maneira peculiar de se vestir. Para investigar esses objetos, é possível recorrer a todo o arsenal da teoria literária. Com efeito, fica difícil pensar o que *não* se prestaria ao escrutínio dos estudos culturais, uma vez que mesmo os artefatos mais massificados como a Disney, a Barbie ou a Coca-Cola podem ser pesquisados como fazendo parte da cultura vivida de milhões de pessoas, nem que seja para mostrar como elas fazem uso deles de uma maneira idiossincrática ou mesmo transgressora.

Isso cria um impasse para a crítica literária, que se vê forçada a delimitar e a legitimar o objeto que a define. O que seria então a literatura? Em que medida ela seria diferente de outras produções sociais de linguagem, a ponto de querer manter-se à parte do resto? Essas não são perguntas fáceis de responder. Em relação à primeira, é interessante notar que mesmo a caracterização mais ortodoxa e tradicionalista da literatura é obrigada a incluir artefatos que, a rigor, também são, ou foram, extraliterários. Exemplos comuns, e absolutamente canônicos, seriam o drama, a epístola e o sermão, bem como a oratória em geral. Apenas para levar ao extremo o argumento, seria até possível dizer que as peças de Shakespeare como livros seriam necessariamente inferiores às suas produções teatrais. Hoje em dia, porém, os casos se multiplicam: a revista em quadrinhos ou a *graphic novel* seriam consideradas literatura? E a canção popular? E o que dizer do roteiro de cinema e do *blog*? Mas talvez a segunda pergunta ajude na resposta da primeira e a literatura, ao invés de ser definida por uma substância, possa ser caracterizada por seu valor.

Essa é uma questão fulcral e urgente, da qual a crítica literária não pode *não* se ocupar. Seu esquecimento leva a um funcionamento burocrático da literatura, na melhor das hipóteses, e puramente mercadológico, na pior. Se, por um lado, é hoje impossível defender uma universalidade absoluta dos artefatos literários, pois sempre será possível mostrar que determinado texto exclui (ou até mesmo oprime) um grupo específico, por outro é inegável que grandes obras deram ensejo a críticas fascinantes, foram o estopim de boa parte do que melhor se pensou nos últimos dois séculos. O caso da psicanálise, que teria sido inconcebível sem Sófocles e sem Shakespeare, é apenas um dentre muitos outros. Também é difícil afastar a ideia de que os textos literários que valem a pena possuem um grau de sofisticação linguística, de complexidade representacional, ausente em outras manifestações narrativas. Não se trata aqui simplesmente de uma lógica matemática que organizaria uma estrutura intrincada, mas de uma autoconsciência da obra enquanto tal, que por vezes pode chegar a antecipar aquilo que você está pensando sobre ela. Porém há mais: nada impede que objetos de linguagem oriundos das mais diversas práticas sociais possam ser incorporados ao *corpus* literário caso mostrem-se interessantes o suficiente.

Seja como for, para que tudo isso aconteça, é necessário que a crítica intervenha – e no fundo ela deve ser grata aos antagonistas dos estudos culturais por obrigá-la a tomar posição, a assumir certa precariedade da literatura e a refletir criticamente sobre isso.

CAPÍTULO 4

A atual crise da crítica

Por todo este livro nos deparamos com tensões, contradições e impasses característicos da crise da crítica no presente. Vale a pena agora revisá-los. A crítica literária vive uma crise em relação a seus espaços sociais de circulação. Ela está dilacerada entre as publicações universitárias, rigorosas e profundas, porém de público diminuto, e o jornal, abrangente e popular, mas superficial e volúvel; a internet apresenta-se como uma promessa de superação de tal estado de coisas, mas há razões de sobra para ceticismo. Isso está intimamente relacionado à crise do próprio objeto, pois se a literatura perdeu muito do prestígio e impacto de que antes gozava, isso se deve, em grande medida, a profundas transformações no âmbito da cultura em seu sentido mais amplo. A cultura está se tornando cada vez mais visual e pondo-se cada vez mais em movimento: o cinema, a televisão, a internet e os *videogames* têm em comum um funcionamento oposto à fixidez da palavra na página, uma superfície branca sobre a qual se imprimem letras normalmente sem um *design* ostensivo.

Quando nos voltamos para a história da crítica, ao invés de simplesmente encontrarmos uma linha reta que leva a avanços cada vez mais significativos para o entendimento do literário, deparamo-nos com uma superposição de questões não resolvidas. Cada época trabalha com problemas que lhe são inerentes, sem dúvida, mas eles se relacionam com outros que os precederam, e as respostas insuficientes de um período acumulam-se com as de décadas ou séculos posteriores. A história da crítica literária, tal qual o deus romano Jano, possui assim duas faces. A primeira é a da pura mudança, das grandes descobertas literárias, do progresso das técnicas representacionais, da conquista da autonomia estética, da libertação da literatura das amarras do mito e da religião; a outra face, porém, é feita de permanência, da ausência de real superação e da insistência de questões que parecem apenas deslocar-se e mudar de epiderme, mas não realmente chegar a um termo. A distinção originária entre verdade e ficção, as contradições inerentes à igualdade, a oposição entre arte e ciência, as ambiguidades que surgem com o conceito de obra, a relação problemática da teoria com a crítica por meio de sua tecnologização – esses são apenas alguns dos problemas que compõem um percurso histórico que culmina na atual crise da crítica.

Mas há ainda um outro fio argumentativo que pode ser seguido, para concluir este livro. Na página 28 foi colocada uma questão que merece ser retomada agora: em que medida o presente exige que os textos literários sejam comentados e interpretados? A hipótese é provisória e tem algo de frágil, como tudo aquilo que tenta diagnosticar o contemporâneo: o presente demanda urgentemente a interpretação porque há hoje o impasse entre uma possibilidade nunca antes existente de reconhecimento de grandes obras e uma dificuldade igualmente forte de seu surgimento. Essa possibilidade é fácil de ser reconhecida, pois está presente da maneira mais óbvia na sociedade. Ela é observável não apenas pela abundância de meios de divulgação, pela disponibilidade de um imenso aparato de produção e circulação de linguagem, que não deixa rigorosamente ninguém de fora; ela também está vinculada, mais profundamente, à excitação gerada e pressuposta por cada manchete de jornal. Se há algo que caracteriza uma época tão dispersa quanto a nossa é um extremo desejo de saber (tão próximo, é claro, de uma vontade de poder), atuando mesmo no fundamentalismo religioso, que investe no fundamento uma energia inconcebível para um mundo menos desejoso de respostas. Se a ânsia por conhecimento nunca foi tão grande, o interesse generalizado por obras de valor se justifica, porque pertence ao conceito de grande obra um conhecimento quase infinito de si mesma.

A dificuldade de seu surgimento, paradoxalmente, advém desse mesmo estado de coisas. Em primeiro lugar, quando a crítica é submetida à mesma lógica comercial da indústria cultural, o ter-que-dizer antepõe-se ao ter-o-que-dizer. Ela vê-se muitas vezes obrigada a achar o que comentar em objetos que talvez não fossem merecedores de comentário. Se a crítica abre mão da resistência ao ter-que-dizer como *a priori*, ela converte-se em algo não muito melhor que uma simples propaganda da obra e de sua editora. Mas a crítica contemporânea possui ainda um outro dilema, que poderia ser caracterizado como uma dialética da liberdade. Da mesma maneira que a literatura conquistou a liberdade para poder representar o que quiser, sem precisar mais se curvar a qualquer preceito anterior e externo àquilo que o escritor planeja fazer com seu livro, assim também a crítica tem absoluta autonomia para configurar o objeto literário conforme sua sensibilidade ou necessidade. Não há mais amarras para o juízo crítico. Qualquer elemento da malha textual pode significar. Essa liberdade, conquistada historicamente a duras penas, tende a abolir tudo aquilo que é mediano: justamente porque tudo é possível, a repetição torna-se intolerável e cada vez mais os objetos se reduzem àqueles poucos que, de fato, fazem uso dessa liberdade para construir algo à sua altura, e os outros não conseguem se diferenciar em meio a uma multidão de tantos e tantos objetos. Cabe à crítica ser instrumento disso, pois é somente por meio de uma crítica exercida com o máximo de rigor e de imaginação que uma obra verdadeiramente interessante pode surgir como tal. A tarefa da crítica, hoje, não é pequena, mas isso não deve levar ao imobilismo. Pelo contrário, quanto mais clareza se tem a respeito das tensões da crítica, tanto mais lucidez haverá em sua elaboração.

O objetivo deste texto foi menos fornecer um conjunto de informações que respondesse à pergunta "o que é crítica literária?", do que construir uma questão em torno dela, sabendo, é claro, que muitas outras poderiam ter sido articuladas. Uma vez que a crítica surge como a elaboração de um problema em um rico campo de tensões, o leitor não precisa recolher dados passivamente, mas pode inserir-se nesse campo e pensar a partir (ou contra) ele. Foi isso que tentei fazer aqui, e é isso que você poderá fazer com este livro: nada mais natural do que criticá-lo.

Referências

ABRAMS, M. H. (1953). *The Mirror and the Lamp*. Oxford: Oxford University Press.

AUSTIN, J. L. (1990[1962]). *Quando dizer é fazer: palavras e ação*. Trad.: D. M. de Souza Filho. Porto Alegre: Artes Médicas.

BARTHES, R. (2003). *Fragmentos de um discurso amoroso*. Trad.: M. V. M. de Aguiar. São Paulo: Martins Fontes.

A Bíblia Sagrada: Antigo e Novo Testamento. (1994). Trad.: J. F. de Almeida. São Paulo: Sociedade Bíblica Trinitariana do Brasil.

DE LUBAC, H. (2009[1998, 2000]). *Medieval Exegesis*. Trad. ing.: M. Sebanc; M. Macierowski. Grand Rapids/Edimburgo: Wm. B. Eerdmans/T&T Clark. [Ed. francesa: *Exégèse médiévale: Les Quatre sens de l'Ecriture*. Paris, 1959-1964.]

DETIENNE, M. (2013[1967]). *Mestres da verdade na Grécia arcaica*. Trad.: I. C. Benedetti. São Paulo: Martins Fontes.

EAGLETON, T. (1991[1984]). *A função da crítica*. Trad.: J. L. Camargo. Rio de Janeiro: Martins Fontes.

HAYES, C. (2002). *Introduction to the Bible*. New Haven: Yale University Press.

HERÁCLITO. (1989). *Allégories d'Homère*. Trad.: F. Buffière. Paris: Belle Lettres.

HOMERO. (2011). *Odisseia*. Edição bilíngue. Trad.: T. Vieira. São Paulo: Editora 34.

_____. (2001). *Ilíada*. Trad.: C. A. Nunes. Rio de Janeiro: Ediouro.

LEITCH, V. B. *et al*. (2010). *The Norton Anthology of Theory and Criticism*. Nova York: W. W. Norton and Company.

NISBET, H. B.; C. R. (orgs.) (1997). *The Cambridge History of Literary Criticism*. Volume 4: *The Eighteenth Century*. Cambridge: Cambridge University Press.

POPE, A. (1758). *An Essay on Criticism*. Londres. Disponível em: <http://galenet.galegroup.com/servlet/ECCO?c=1&stp=Author&ste=11&af=BN&ae=T185433&tiPG=1&dd=0&dc=flc&docNum=CW116671129&vrsn=1.0&srchtp=a&d4=0.33&n=10&SU=0LRK&q=cruesp>. Acesso em: 8 abr. 2016.

SCHLEGEL, F von (1994). *Conversa sobre a poesia e outros fragmentos*. Trad.: M. Suzuki. São Paulo: Iluminuras.

teoria LITerária

1. *Porque estudar literatura?*
   Vincent Jouve
2. *Bakhtin e o cronotopo: reflexões, aplicações, perspectivas*
   N. Bermong, P. Borghart, M. de Dobbeleer, K. Demoen, K. de Temmerman e B. Keunen [orgs.]
3. *O que é crítica literária?*
   Fabio Akcelrud Durão

Esta obra foi composta em ITC Esprit 11/15
e impressa em papel Pólen 80g
para **Nankin Editorial** e **Parábola Editorial** em setembro de 2023.

Impressão e acabamento:
Forma Certa Gráfica